KB253704

문예신서
294

역사는 계속된다

조르주 뒤비

백인호 · 최생열 옮김

東 文 選

역사는 계속된다

Georges Duby

L'HISTOIRE CONTINUE

차 례

영문판 편집자 서문 ·· 7

프랑스어판 서문 ·· 15

1. 선택 ·· 17

2. 지도 교수 ·· 25

3. 자재 ·· 31

4. 연구 작업 ·· 45

5. 사료 읽기 ·· 57

6. 건축 ·· 71

7. 박사학위 논문 ·· 81

8. 물질과 영혼 ·· 89

9. 심성 ·· 105

10. 예술 ··· 115

11. 콜레주 드 프랑스 ·· 129

12. 여행 ··· 145

13. 영예 ··· 157

14. 텔레비전 ·· 159

15. 기욤 르 마레샬 ·· 167

16. 친족 ··· 173

17. 연구 계획들 ────────────────────────────── 181

역자 후기 ──────────────────────────────── 191
색 인 ────────────────────────────────── 193

영문판 편집자 서문

프랑스인들은 자신들의 과거에 대해 인식하려고 애쓰는 것을 대단히 자랑스럽게 여긴다. 오늘날 프랑스에서 역사를 연구하는 이들 가운데 조르주 뒤비는 특히 중세 연구가 가운데 가장 유명하고 많은 연구 결과를 발표한 사람임에 틀림없다. 1980년대에 그의 명성은 콜레주 드 프랑스에서의 목요일 오후에 가장 잘 입증되었다. 수백 명이 그의 강의가 시작되기 수 시간 전부터, 맑고도 푸른 눈을 가지고 있으며 세련되고 고풍스러운 블레이저 코트를 입고 중세의 여성에 대해 강의하는 작달막한 그의 모습이 잘 보이는 좌석을 차지하기 위해 일렬로 줄을 서곤 했다. 이런 사정을 미리 알지 못하고 찾아온 사람들은 인접한 방의 확성기를 통해 뒤비의 나무랄 데 없는 발음이 전해지는 데에 만족해야 했다. 뒤비의 청중은 파리 사회 전체, 청바지를 입은 젊은 학생들에서 고상한 '제3세대,' 나아가 윤기나는 머리에서 백발의 노인들에 이르렀다. 노인들은 바닥과 통로에 쭈그리고 앉아 있었다. 아마도 콜레주에서 라이벌이었던 미셸 푸코와 롤랑 바르트보다 조르주 뒤비는 먼저 텔레비전·라디오, 그리고 프랑스 교양 텔레비전의 새로운 시도인 셉트(**SEPT**)를 위한 신문 전면 광고에 출연함으로써 훨씬 더 많은 대중과 친숙했다.

뒤비의 엄청난 지적 생산력은 40년에 걸쳐 출판된 수십 권의 책으로 가늠할 수 있다. 그 작품들은 농민에서 기사까지, 농법에서 지적 태도까지, 성곽에서 성당까지, 사회 계층, 친족 단체, 결혼, 여인들, 그리고 사생활 등 중세 풍경의 전 범위를 망라한다. 만일 그의 관심에 시대적 중심이 있다면 그것은 11세기와 12세기의 전환기이다. 그의 방대한 작품은 **거대한 민중**을 대상으로 한 최근의 대중화된 주제뿐 아니라 가장 주목할 만한 초기의 학술적 논문과 종합적인 대작을 포함하고 있다. 실제 뒤비는 아카데미 프랑세즈가 선정한 '불멸의 40인' 가운데 한 명으로 뽑힌 몇 안 되는 학구적 역사가이다. 최근 뒤비는 감동적이고 간결하면서도 세련된 회고록을 내놓았다.

현대 프랑스 지성인들치고 과묵하거나 절제된 태도로 알려진 이는 드물다. 저명인사의 사생활이 폭로되기를 바라는 독자는 여기서 실망할 수밖에 없을 것이다. 왜냐하면 뒤비는 고집스럽게 자신의 사생활을 지키고, 자신의 부모·유년기·애정·결혼과 자녀뿐만 아니라 자신의 심리에 관해 결단코 아무 얘기도 하지 않기 때문이다. 1942년에 **교수 자격**(agrégation)을 획득하는 데 착수했는데, 이 일로 그는 프랑스 고등교육 체제에서 선생님으로서 새 인생을 시작하게 되었다. 그는 그해 평생의 반려자인 앙드레 콩비에와 결혼한다는 사실조차 이 책에서 언급하지 않았다. 뒤비는 프랑스대학과 교수 개개인의 운명을 결정하는 수많은 위원회에서 봉사했음에도 불구하고 국내의 문화 정치에 눈길 한번 주지 않았다. 그의 회고록은 기본적으로 지적·제도적 열성이 틀을 이루고 있다. 《고백록》을 쓴 아우구스티누스처럼 뒤비는 은퇴에 이르러 그의 주요 저작들을 개관하고, 그가 그 작품들을 쓸 때 무엇을 하고 있었는지, 그리고 이 글들을 지금 어떻게 평가하는지 말하고 있다. 뒤비는 역사와 지리가 긴밀하게 연합되어 있을 때 훈련받았기 때문에 지리적 공간에 대한 생생한 감각을 보여주었고, 장소와 공공 건물에 대한 자신의 생각을 나타냈다.

프랑스에서 학문적 영예의 무대는 분명히 파리이다. 그러나 뒤비는 그의 인생에서 비교적 최근까지 이방인으로 남아 있었다. 야심 있는 교수라면 태어난 곳이 어디든지간에 가능한 한 파리로 가려고 할 것이다(1930년대와 1940년대에 대학은 변함없이 중세사 교수직을 남자에게 할당했기 때문에). 이런 야심찬 인물은 애초에 루이르그랑 같은 파리의 고등학교를 선택하여 엘리트들 그랑제콜들 가운데에서 인문학과 자연과학 학교인 고등사범학교에 들어가기 위한 경쟁적 입학시험을 준비하고자 할 것이다. **교수 자격**을 획득한 후 그는 소르본의 손꼽히는 교수 보호하에 **조교** 직위를 얻고자 할 것이다. 소르본에서는 힘들고도 지루한 국가박사 논문을 쓰는 동안 대학 세계의 중심에서 모든 것을 보고, 또 보여질 수 있기 때문이다. 그의 학위 논문을 심사받은 후에는 계속 파리에 머물면서 기차로 닿을 수 있는 대학에 교수직을 신청할 것이다. 그는 먼 곳에서 가까운 곳으로 전직을 계속하면서 소르본의 교수직을 계획적으로 기다릴 것이다. 그리고 수도에서 유명해진 후에 그는 생애의 절정기에 파리로 '복귀'할 수 있을 것이다.

야심찬 교수들과 달리 뒤비는 파리에서 태어났음에도 불구하고 마콩에 있는 고등학교를 다녔다. 사범학교나 소르본대학보다도 그는 마콩에서 가까운 리옹대학 문과대학 교수가 되었다. 리옹대학에서 그는 장 데니오 교수와 함께 중세사를 연구했다. 데니오 교수의 연구 결과는 오늘날 잘 알려져 있지 않다. 소르본의 걸출한 중세 연구가 샤를 에드몽 페랭이 뒤비의 학위 논문을 지도하겠다고 승인했음에도 불구하고, 그는 데니오 교수의 지도를 받기 위해 리옹에 남았다. 박사학위 논문을 심사받은 후에, 그는 프랑스 주요 대학들에서 가장 멀리 떨어진 마르세유 엑상프로방스대학에 재빨리 정착했다. 고등교육연구소의 제6분과나 파리의 소르본으로부터 계속되는 초청에도 불구하고 뒤비는 엑스에서 근 20년간 남는 것을 선택했다. 나이 50세가 되어서야 수도로 오는 것에 동의한 그는 학기에 맞추어 파리에 도착하였고, 콜레주 드 프랑스의 교수가 되었다.

뒤비가 리옹과 엑스에 오래 머무른 것은 파리의 혼잡과는 거리가 먼 평온과 시간(여유), 그리고 그의 역사적 건축물(그의 비유이다)의 기반이 될 기본적인 작품을 쓸 수 있는 자유가 제공되었기 때문이다. 리옹에 있을 때 데니오 교수가 뒤비에게 요구하는 것은 거의 없었기 때문에, 그는 중세 연구가에게 많은 노동을 요하는 전문적 기술을 습득할 기회를 충분히 가질 수 있었다. 그는 어린 시절부터 알고 있던 지역인 마콩 주변에서 중세 사회의 모습을 구성하는 데 그 기술을 이용했다. 그의 학위 논문은 〈마콩 지역의 11세기와 12세기 사회〉(1953)란 제목으로 출판되어 빠른 속도로 근래 가장 두드러진 업적으로 인정받았다(최근 그는 회고록에서 이 논문을 자신의 최대 걸작이라고 말하는 사람들의 의견에 동의하였다). 그 책 제목은 마콩이라는 지역적 특성에 대해 하나의 '사회'란 개념으로 두드러지게 특권을 부여하였다. 제한된 지역에 전념했지만 이 책은 체계적인 방법을 이용했고, 중세 사회 연구 전반에 관한 모델이 된 결론을 이끌어냈다. 또한 이 논문으로 뒤비는 파리에서 거리가 멀기는 하지만 유명한 대학에서 교수직을 얻었다.

뒤비는 곧 엑상프로방스가 마음에 들었다. 보르케유에서 집을 얻었는데, 세잔이 좋아했던 몽생빅트아르를 향해 도시 밖에 위치해 있

어 뒤비는 일찍이 맑은 공기와 멋진 풍경, 그리고 침해받지 않는 평
온을 발견할 수 있었고, 그곳에서 그토록 풍부한 글을 쓸 수 있었다.
남유럽의 열기와 건조 상태를 피해 그늘진 대학의 강의실에서 그는
중세에 대한 열정에 동참할 소수의 학생과 조교를 모집했다(이 모임
은 현재 엑스의 중세사 교수진을 구성하고 있다). 엑스의 평안함 속에
서 뒤비는 방대한 양의 중세 농업에 관한 관련 목록을 섭렵하고 축적
하여 《중세 서양의 농촌 경제와 농촌 생활 방식》(1962)이라는 책을
쓸 기회를 가졌다. 이 작품은 그가 방대하고도 중요한 분야를 정복
하고, 그 복잡한 발전을 명료하고 알기 쉬운 언어로 표현할 수 있다
는 사실을 예증해 주어 그를 콜레주 드 프랑스의 유력한 후보로 만
들었다. 그는 콜레주 드 프랑스의 취임식날 첫 강연이었던 《중세 사
회》(1970)에서 마콩이라는 하나의 사회에서 중세 전반의 다수 사회
들로 전환했다. 중세사 담당 교수직을 수락하면서 그의 취임 강연은
또한 중세 연구 계획에 대한 거대한 열망을 드러냈다.

매주 목요일마다 열리는 뒤비의 공개 강의는 **파리 전체**를 매료시
켰고, 그는 엑스에서 들여온 관례에 따라 전문가들의 세미나를 소집
했다. 그가 끌어들일 수 있었던 파리의 모든 중세 전문가——역사가
뿐만 아니라 문학·예술·철학·신학과 관련 분야의 전문가——들
은 기념비적 주제에 대해 생각하도록 초청받았다. 주제는 기초를 이
루는 심성을 통해 중세 사회의 위계 질서를 매기는 것, 다시 말해 그
유명한 인도-유럽어족의 전통인 '3위계'였다. 1백여 명의 중세 전문
가들은 매주 순수한 지적 흥미에 이끌려 비좁고 흥분되고 담배 연기
로 가득 찬 방에 모여들었다. 지방과 해외에서 온 방문객들은 종종 조
언을 부탁받았고, 그들은 주의 깊고도 비판적으로 조언에 응했다. 이

러한 긴장과 열기와 논쟁의 중세적 분위기에서 개념들은 발제되어 검증되고 조정되었다. 그 결과 뒤비의 우아한 산문을 매개로 하여 《3위계: 봉건 제도의 상상적 세계》(1978)가 출판되었다. 그 개념은 기원이 프랑스에 있지 않았지만(확실히 그 형성 단계는 영국과 앵글로 노르만 영역에서 더 자주 이야기되었다), '3위계' 개념을 프랑스 토양에 수용하여 유사한 개념들과 상호 작용에 노출시킴으로써 뒤비는 어떻게 3위계가 17세기 샤를 루아조 시대에 프랑스화되었는지 논증했다. 구체제의 3신분과 심지어는 프랑스 대혁명의 삼색기도 이 기본적인 '삼위 일체'를 반영했다. 《3위계》와 더불어 13세기 프랑스 군대가 독일 황제에게 거둔 결정적인 승리를 환기시켰던 《부빈의 일요일》(1973) 두 책으로 인해 뒤비는 중세에 관한 특출한 학자이자 뛰어난 문필가일 뿐 아니라 **조국**을 사랑하는 역사가임이 증명되었다. 그 발단이 무엇이었건간에 《3위계》는 확실히 그를 아카데미 프랑세즈의 유력한 후보로 만드는 데 기여했다.

학자로서 뒤비는 동료 학자들과 학생들만을 위해 글쓰는 것에 결코 만족하지 않았다. 오히려 중세에 대한 그의 열정은 그를 더 광범위한 청중을 향해 뻗어 나아가도록 만들었다. 그의 첫번째 시도는 시각 예술이었다. 화가로서의 뒤비는 색조와 빛의 음영에 놀랄 만한 감각을 소유하고 있었다. 그는 출판업자 알베르 스키라의 격려에 힘입어, 중세 예술가의 이미지를 재생산하면서 이러한 중세 창조의 힘이 현대 대중에게 그들을 창조해 낸 사회에 대해 생각하도록 부추길 수 있다고 믿었다. 어쨌거나 만약 뒤비의 일련의 화보가 아름다운 물건과 식당의 커피 테이블 수집가를 위해 예정된 것이었다면, 그의 다음번 모험인 텔레비전은 더욱 폭넓은 청중을 상대하게 만들었다. 비록 부빈 전투를 재창조하기 위해 인기 정상의 배우 제라르 드파르디유를 끌어들여 영화화하는 시도가 무산되었지만 뒤비의 당당한 목소리는 '세상에서 가장 위대한 기사' 기욤 장군을 라디오 청중에게 전달했다. 그의 가장 위대한 모험은 배타적으로 고품격의 교양 오락만을 다루는 텔레비전 채널을 확보하려는 셉트(SEPT)의 의장직을 수락한 것이었다. 불행히도 그러한 열망은 프랑스 경제 쇠퇴와 더불어 중단되었다.

조르주 뒤비는 《역사는 계속된다》가 일기의 필사가 아니라 예술 작품으로서의 진정한 회고록이라는 것을 인식한 첫번째 인물이다. 이 책은 은퇴 직전에 씌어진 것으로 어떠한 분명한 실패나 그릇된 시작, 혹은 골치 아픈 근심은 인정하지 않으면서 미화된 성공적인 생애를 일관되게 표현한다. 또한 길고도 심오한 명상 작품도 아니다. 앙리 피렌·마르크 블로크·로베르 포티에, 그리고 근대 초기 연구가인 페르낭 브로델과 같이 프랑스어로 글을 쓴 중세 연구가들은 감옥에서 굴욕적으로 지내는 기간에 주의를 환기시키는 작품들을 산출해 냈다. 그러나 운좋게도 세계대전들을 피할 수 있었던 뒤비는 고통의 흔적이 나타나지 않는 삶을 즐겼다.

뒤비는 그보다 나이 많은 영국인 동료 리처드 서던처럼 모범적인 대가였다. 부빈 전투가 12세기 전쟁의 사회학을 밝힐 수 있었던 것, 혹은 유명한 기사 기욤의 전기가 기사도의 역동성을 드러낼 수 있었던 것처럼, 뒤비는 역사가의 기교인 '예시'와 '교훈' 양자로서 거의 일생을 중세 감각의 **모범**으로 보여주려 했다. 이런 이유에서 그는 실제로 이 책 이야기 절반 이상을 학위 논문 작성에 할애했다. 뒤비는 어떻게 논문 주제를 선택했고, 계획의 개요를 작성했으며, 문헌으로부터 자료를 골라내고 논쟁을 통해 발판을 세운 뒤 중세 사회 구조를 설명할 이론을 구성했는지 설명했다. 우리는 이러한 교훈적인 지면에서(여기에서 이 대가는 심지어 자유, 예속, 주종 관계의 요소들을 골라내기 위해 라틴헌장을 분석한다) 보통 사람으로서의 역사가인 뒤비를 목격하게 된다. 그의 공헌은 고립된 천재의 업적이 아니라 협동의 열매였다. 그가 1인칭 복수를 사용한 것은 결코 왕족의 '우리'가 아니라 '우리 역사가들'이다. 역사가들은 항상 한 배를 탄 운명과 같아 공동 작업을 해야 한다. 미슐레가 종종 영혼을 목격하는 프랑스인이라면, 뒤비는 더욱 확실하게 요즘 존경받는 아날학파의 추종자이다. 이 모임은 《아날》이란 이름을 태동시킨 학술지 중심으로 마르크 블로크와 뤼시앵 페브르에 의해 설립되었다. 그리고 훗날 사회과학 고등연구원으로 불리는 브로델이 주도하는 고등교육연구원의 제6분과를 설립했다. 아날학파의 목적은 역사학의 방향을 정치적·전기적 사건의 서술로부터 과거 문명을 구성했던 사회·경제·심성이라는 저변의 힘으로 돌리는 것이다. 뒤비는 그의 경력을 이러한 접근법의 예로 제공함으로써, 그가 추구한 궁극적 목적이 자신의 평판을 좋게 하는 것이 아니라 역사가의 기교를 습득하도록 젊은이를 모집하고 격려하는 것임을 보여주었다. 내 생각에 이 글은 포부를 가진 역사가로 하여금 동참하도록, 아마도 중세사에 도전하도록 강력히 권하고 있다. 역사는 끊임없이 계속되듯이 뒤비의 작업, 특히나 중세의 여성들에 대한 그의 역사는 아직 끝나지 않았다. 그는 이 책에서 회고하듯이 다음 세대에게 그와 동참하여 역사 서술을 계속할 것을 권하고 있다.

존 볼드윈

프랑스어판 서문

내가 하고자 하는 이야기는 1942년 가을에 시작된다. 전쟁은 가장 비극적인 국면에 접어들고 있었다. 나는 막 교수자격시험을 통과하여 지방에 있는 한 고등학교에서 학생들에게 역사와 지리를 가르치고 있었다. 나는 고등학교 교사로 그냥 남아 있지 않겠다는 굳은 각오가 있었기에 박사 논문 공부를 시작하기로 결심했다. 그것은 야망에 기초한 결정이었다. 당시에는 박사학위 논문을 쓰면 대학 교수직을 얻을 수 있었기 때문이다. 그러나 그것은 또한 진심에서 우러난 결정이었다. 나는 연구하는 일이 마음에 들었기 때문이다. 나는 주제를 선택하려는 참이었다. 그리고 나서 긴 여정이 시작되었다. 나는 2년 이상을 주저하면서, 천천히 주제를 한정하면서 생각할 시간을 발견할 때마다 조금씩 범위를 좁혀 나갔고, 점차 내가 공부하게 될 분야를 확실히 구분짓게 되었다. 내가 했던 모든 일들은 그 시작에서 자라나온 것이다. 왜냐하면 내가 당시 결정한 것은 일련의 연구 과정이었고, 그 끝은 지금도 보이지 않기 때문이다.

처녀작 《역사가의 자화상》에서 나는 개인적인 약력을 간단히 다루고, 주로(내가 여기에서 논할 필요가 없는) 환경들에 대해 논하면서 나의 직업에 대해서는 언급하지 않았다. 이제는 친밀감을 가지고 나의 직업에 대해서 다시 이야기하겠다. 나는 특히 우리의 직업과 역사가들이 다른 인문과학의 전문가들을 포용하는 입지에 대해서 말할 것이다. 인문학에서 일반적인 분야를 벗어나 홀로 모험하는 연구자들은 참으로 드물다. 다른 사람들은 동시에 스스로 알아차리지 못한 채 모험하기도 한다. 이러한 바람은 결국 우리를 밀어붙여 모두 함께 항해하도록 만든다. 따라서 이 이야기는 나만의 이야기가 아니다. 이것은 지난 반세기 동안의 프랑스 학계의 이야기이기도 하다.

1

선 택

얼마 전에 나의 스승 중 한 분인 장 데니오의 영향으로, 나는 역사보다 정확히 말해서 중세사로 전환하게 되었다. 역사는 바로 나의 학업이 시작된 곳이다. 그러나 그 영역은 너무나 방대했다. 나는 정확히 내가 연구하고 싶은 분야를 결정해야 했다. 당시 유명한 역사가들은 여전히 권력의 연구, 다시 말해 정치적이든 군사적이든 혹은 종교적이든 표면에 명확히 드러나는 것에 관심이 있었다. 그들은 크거나 작거나 간에 사건들의 고리를 재구성하려고 노력하면서 그 사건에 관련된 사람들이나 그 사건을 발생시킨 부수적인 원인들을 조사하였다. 그렇지 않으면 조직과 제도의 발전을 자세히 설명하였다. 그러나 1930년대초에 유럽의 생산과 교환의 토대를 뒤흔든 대변동으로 인한 충격으로 새로운 분야가 개척되었다. 일부 진취적인 역사가들——처음엔 소수였으나 후에 엄청난 수로 불어났다——이 자신들의 관심을 경제 현상 쪽으로 돌린 것이다. 그들은 단순한 경제 성장과 침체의 모델에 영감을 받아 과거에 물건의 가치가 어떻게 장기 지속의 경향과 주기에 중요성을 남기며 진화했는지 알아내고자 했다. 종국에 그들은 정치가와 전사들의 업적을 밝혀내는 데 도움되는 것이 없다 하여 소홀히 해오던 고문서보관소를 뒤지기 시작하였다. 신(新)사학자들은 회계 장부, 계산서, 그리고 재고 목록 가운데서 통계 자료를 뽑아내어 잔뜩 수집했는데, 그것들은 당시 여전히 초보적이었던 통계 방법으로 분석해야 했다. 이러한 접근법은 훗날 페르낭 브로델이 그 유명한 논문에서 제시하였던 사건, 콩종튀르(conjoncture), 그리고 구조라는 시간의 삼층 구조 개념(사건은 콩종튀르라는 거대한 파도 표면에 있는 거품과 같다. 그 저변에는 구조가 있어서 거의 감지하지 못할 정도의 느린 속도로 변화한다. 더욱이 주목할 것은 세 개의 개념 중에 두 개는 경제학에서 차용한 것이다)을 이미 포함하고 있었다. 그뿐 아니라 신사학자들은 측정하고 평가하고 측량해야 했다. 그들은 숫자·평균·곡선, 한마디로 계열사에 사로잡혀 있었는데, 계열사는 1950년 이후 특히 고대 인구사 분야로 프랑스에 들어와 성공하였다.

　역사에서 어떤 시대는 이러한 형태의 연구에 필요한 자료를 많이 제공한다. 내가 생각하기로 그런 시대에는 어마어마한 양에 압도되지 않으면서 일정 계열을 이루는 수치를 끌어낼 수 있는 만큼의 풍부한 자료가 있다. 16,17,18세기에 해당하는 소위 초기 근대 시대가 이러한 기술에 잘 들어맞는다. 그러나 중세 후기에 해당하는 14세기 초기도 연구할 만한데, 봉건 영주들이 다수의 서기관과 부기계원들을 고용해 모든 종류의 수치 편집을 하기 시작했기 때문이다. 따라서 나보다 10년 내지 15년 연상의 몇몇 중세사가들은 최근에 학위 논문을 완성했거나 거의 끝내고 이미 경제사 연구에 착수했다. 그들은 주로 상업의 발달과 도시에 관심을 가졌다. 그들 중에는 메츠를 연구하는 장 슈나이더, 툴루즈를 연구하는 필리프 볼프, 투스카니 도시들의 전문가인 이브 르누아르, 노르망디 항구를 연구하는 미셸 몰라가 있다. 우리(나와 내 학생 동료들)가 알고 있는 그들의 연구는 인상적이었다. 따라서 나는 이 선구자들과 함께할 준비가 되어 있었다.

이 학문 분야의 선구자는 위대한 벨기에의 역사학자 앙리 피렌이었는데, 내가 학생일 때 그의 평판은 여전히 마르크 블로크의 명성을 압도하고 있었다. 피렌은 플랑드르 지방을 연구했는데, 이 지방은 민족 감정이 잔존하여 오랜 상업 도시에 뿌리박히고 대담한 상인들에 대한 추억으로 단합된 지방이었다. 상인들은 그들의 부로 인해 유력해졌고, 사업가 정신을 지구의 사방으로 확장하고 번창한 장인들의 지원을 받아 봉건 권력으로부터 시민적 자유를 획득한 사람들이었다. 피렌은 플랑드르 지역사로부터 세계사로 전환하여 천년에 한두 번 있을 만한 문명의 운명을 바꾸는 균형의 파괴에 관심을 갖게 되었다. 그의 가장 중요한 연구는 (그의 제자 조르주 에스피나스 저술의 제목으로 씌었던) '자본주의의 기원'으로, 특히 플랑드르 지방 최초의 귀족 왕조 수립에 초점을 맞추었다. 그가 주변의 자본가 체제에서 관찰한 것은, 그로 하여금 통화의 흐름과 장기간에 걸친 무역의 발달 안에서 일어나는 사회적 상승 이면의 주요 원동력을 찾도록 자극했다. 의심의 여지없이 피렌은 무역이나 통화 또는 사업 동기가 플랑드르 공작 샤를르봉이나 정치가이자 사업가인 야코브 반 아르테벨데의 인생에서 차지하는 위치가 오늘날 우리 인생에서 차지하는 위치와 다르다는 사실을 지나치게 간과해 버린 것 같다. 그러나 피렌은 드문 재능이 있었는데, 그것은 내가 장 데니오를 존경하고 그를 위해 헌신하도록 만든 이유이기도 하다. 그의 재능은 감정 이입 능력과 상상력, 생생한 문체로서 과거의 인물들을 소량의 꾸밈없고 적나라한 사실들을 가지고 되살려 내는 데 필요한 것이다. 그의 책은 살아서 맥이 뛴다. 또한 그의 책은 독자가 경제사를 초월하여 사회사로 나아가도록 격려한다. 나보다 약간 연로한 다른 역사가들이 이미 그러했듯이, 나도 그들을 따라 사회사를 할 준비가 되어 있었다.

어쨌든 1942년에는 경제사가 중앙 무대를 차지하고 '사회사'를 무색하게 하고 있었다. 필리프 볼프는 《툴루즈의 상업과 상인들》이라는 제목으로 계획하고 저술하면서 상업(그리고 통계학)에 우선권을 두고 인간을 다음에 두었다. 그리고 덧붙이자면, 도시를 둘러싼 농촌을 변함없이 도시의 권력과 수요의 관계 안에서 바라보았다. 나의 선택은 달랐다. 나는 연구의 목적으로 신중하게 '봉건적'이라 불리는 사회의 형태를 선택했다. 이는 도시와 상인이 거의 중요시되지 않고 세상이 시골 풍경 속에 파묻혀 있을 때 형성된 것이다. 내가 왜 이렇게 결정했느냐고 묻는다면? 첫번째로 나는 역사가들에게 교육받기 전에 지리학자들에게 가르침을 받았기 때문이고, 두번째로 지리학자들이 아주 초기에 나에게 《경제사회사 연보》와 마르크 블로크를 읽으라고 충고했었기 때문이다.

**

지리학자는 풍경을 자세히 바라보고 그것을 설명하려고 한다. 그는 바라보고 있는 것이 진정한 예술 작품이고 긴 노동의 생산물이라는 것을 안다. 게다가 풍경은 오랜 시간에 걸쳐 공간에 존재하고 지금까지도 변화하고 있는 사회 집단의 집합적 노력에 의해 만들어진 것이다. 그러므로 지리학자는 우선 건물의 벽돌들, 다시 말해 사회 집단이 구체화한 물리적 구성 요소를 연구해야 할 의무를 느낀다. 그리고 나서 지리학자는 틀림없이 주의 깊게 사회 집단 자체의 힘과 요구와 윤곽을 조사한다. 그러므로 지리학자는 다소간 그에 관한 역사가가 되는 것이다. 예를 들면 이것은 에티엔 줄리아가 누구나 알자스에서 발견하는 마을·길·들판의 복잡한 유형을 이해하기 위해 한 일이다. 그리고 앙드레 앨릭스의 방법이기도 하다. 앨릭스는 나의 첫번째 논문을 지도해 준 사람으로 아날학파에 공헌했고, 도피네의 15세기 고문서를 가지고 오랫동안 작업해 왔다. 그는 중세에 산이 어떻게 존재했고 어떻게 개발되었는지 알지 못하고는 우아상 지역의 현대 풍경을 설명할 수 없다고 확신하였다. 나 자신이 역사가가 되기 전에 앨릭스 선생님의 지도 덕분에 또 다른 역사 개념에 접근할 수 있었다. 새로운 역사 개념은 군주, 군사령관, 고위 성직자, 금융업자와 같이 특별한 사람들의 결정이 사건의 활기를 지배하는 것으로 보이는 역사라는 피상적인 관점보다 직감적이고 감각적이며 무엇보다 실용적인 것이었다. 새로운 역사 개념은 내가 보기에 역사가 사회 속에 있는 평범한 사람의 역사라는 것이다. 나는 기존의 관점을 단호하게 공격해야 할 긴급한 필요를 느꼈다. 무엇보다도 내가 감지한 것은 사회가 풍경같이 그 구조와 진화가 원인과 결과에 관계된 것이 아닌 상호 관계와 상호 작용에 관계된 요소들의 다양성에 의해 결정된다는 것이다. 그러므로 그러한 요소를 처음부터 하나하나 조사하는 것이 올바른 방법이다. 왜냐하면 요소들은 그 자체의 리듬에 따라서 작용하고 발전하기 때문이다. 그러나 체제가 어떻게 작용하는지 이해하고 싶다면, 모든 요소들을 함께 모아 각각의 부분(을 이루는)인 분해할 수 없는 전체의 문맥에서 생각하는 것이 필수적이다. 이러한 원칙들은 영원한 지침으로 남았고, 내 연구를 안내해 주었다. 내가 풍경의 연구로부터 배운 다른 하나는 인간 사회의 운명을 지배하는 요소들 중에 자연 혹은 물질에 영향을 미치는 요소가 문화나 정신과 연관된 요소보다 반드시 더 중요한 게 아니라는 점이다. 나는 이러한 확신을 가지고 경제사가 사회사보다 우위에 있는 우선권을 뒤집을 준비가 되어 있었다. 나는 이러한 기본적인 믿음이 나의 선택 중에 큰 일부로 작용했다고 확신한다.

분명히 내가 《경제사회사 연보》와 친밀한 관계를 맺은 것도 결정적 역할을 하였다. 나는 지리학을 공부하는 학생이었을 때 《경제사회사 연보》가 발간된 첫 10년 동안 한 권도 빠짐없이 모아서 분석하였다. 내가 생각하기에 평론이나 비평적인 기사, 그리고 잡지의 두 편집인 뤼시앵 페브르와 마르크 블로크의 서명이 들어 있는 논평이 덜 강렬했음에도 불구하고 연구 노트는 내게 강력한 인상을 주었다. 연구 노트는 나머지보다 다소 주저하고 덜 세련되고 더 자유스러워 나 같은 초보자에게 필시 더 큰 영향을 주었다. 나는 부지런히 독서함으로써 교훈을 얻었다. 첫째, 역사가는 자신의 함정에 빠져들지 않도록 피해야 하고, 인접 학문에서 무슨 일이 일어나고 있는지 늘 지켜보아야 한다. 둘째, 엄격하게 역사 연구를 수행하는 것이 누군가의 결론(허점)을 폭로할 때가 되었을 때 반드시 냉정한 태도를 취해야 하는 것을 의미하지 않는다. 학자는 어떻게 해야 독자들을 즐겁게 하고, 예의 있게 독자들의 시선을 끌고 사로잡을 수 있는지 알아야 그의 역할을 더 잘 수행할 수 있다.

나는 18세 때 《경제사회사 연보》(줄여서 보통 '아날'이라 부른다)의 독자로서 마르크 블로크를 발견했다. 나는 장 데니오 주위의 학생 모임에 동참하면서 마르크 블로크를 더 잘 알게 되었는데, 장 데니오는 그를 존경했고 우리에게 모범적 예로 들었다. 블로크의 작품에 대해서는 한참 뒤 《마술사 왕》을 읽을 때까지 잘 알지 못했다. 대조적으로 나는 《프랑스 농촌사의 근본적 성격》의 초기 독자였다. 그 책은 내가 지리학의 견습생으로 토지대장과 지도를 가지고 조사하면서 농업 구조를 연구할 때 내 경전이었다. 바로 얼마 전에 이 책을 다시 펼쳤을 때 나는 실질적으로 책 전체 페이지를 외우고 있다는 것을 발견하였다. 그럼에도 불구하고 내게 결정적인 순간은 1939년과 1940년에 《봉건 사회》라는 두 권의 출판과 함께 왔다. "나는 책 제목을 사회사가 단지 경제사의 부속이 아니라 합리적이고 유익하며 고대 사회 연구 자체에 필요한 것이라고 선언하는 선언서로 삼았다." 나는 이 위대한 작업(사회사)에 대담하고 고무적인 뤼시앵 페브르의 《라블레의 종교》보다 약간 늦게 뛰어들었다. 마르크 블로크의 책은 적절한 시기에 나에게 영향력을 주었다. 내 정신은 편견 없는 백지 상태와 같았다. 나는 나의 정신이 블로크의 글을 열정적으로 읽은 데서 구체화되었다고 믿는다. 오늘날 그 글을 다시 읽었을 때 나는 블로크의 젊음과 지칠 줄 모르는 창조력, 대담한 통찰력에 깜짝 놀랐다. 나는 블로크에게서 연구에 대한 자극과 새로운 진보를 향한 암시를 발견했다. 예컨대 당시로서는 드물게 12세기 기사들의 성격을 잘 파악하기 위해, 기사들이 매료당한 당대 대중 문학 작품에서부터 기사들이 행실의 모범으로 삼았던 무훈시와 기사문학까지 살펴보았다. 그리고 중세 연구가들이 문화의 가장 뿌리 깊은 구조로 이끄는 실마리를 추적할 때, 중세 연구가들은 최근에 신화와 친족 제도에 열중하고 있는 인류학자들의 길을 따르는 것으로 보인다. 그러나 나는 그 길이 이미 마르크 블로크가 가던 길임을 발견했다. 만약 내가 초보 역사가들에게 책 한 권을 추천한다면 이 책을 권할 것이다. 나는 이 책이 우리가 온 것보다 더 멀리 갈 수 있도록 초보자들을 도울 것이라 확신한다. 그리고 블로크의 책은 대담한 제안뿐만 아니라 아직 풀리지 않은 많은 문제들도 포함하고 있다고 생각한다. 나는 블로크의 책을 읽었을 때 내 마음을 정했다. 나도 같은 길을 따라 도전하리라고.

2
지도 교수

　나는 관례에 따라 연구 주제와 지도 교수를 선택해야 하였다. 대학의 행정 규정은 박사 논문의 '지도' 항목을 명시하고, 이를 엄격히 요구했다. 장 데니오는 나를 열성적으로 도와 주긴 했지만 이 일을 표면적으로 떠맡으려 하지는 않았다. 당시는 소르본대학에서 학위 논문을 통과해야 권위를 인정받을 수 있는 분위기였다. '파리'라는 레테르는 필수불가결해 보였다. 데니오는 나를 마르크 블로크에게 추천하려 했던 것 같지만, 1942년 블로크는 레지스탕스에 가담해 있었고, 2년 후 해방된 리옹에서 그는 순국한 애국자들의 시체더미 속 시신으로 발견되었다. 블로크의 육필 원고 외에 직접적인 대화나 조언이 있어야만 그로부터 더욱 확실한 지도를 받을 수 있다고 말할 수 있을까? 난 확신하지 못한다. 블로크의 제자였던 내 친구들은 그를 이해하기 쉬운 사람으로 평하지 않았다. 나는 블로크의 저술을 읽는 것만으로도 충분히 나 자신을 그의 제자로 여길 수 있다고 생각한다. 내가 블로크의 저술들을 거듭해 읽으면서 배움의 길을 이어 나갔기에 그러하다.

데니오가 나를 위해서 선택해 준 파리의 지도 교수는 샤를 에드몽 페랭이다. 페랭은 나를 알고 있었다. 그는 그 전해 여름 나의 교수자 격시험을 심사했던 그르노블 심사위원단의 위원장을 맡고 있었다. 나는 구술시험을 마친 후 그에게 나의 연구 계획을 이야기했다. 다른 글에서도 언급했지만 내가 그에게 진 빚은 실로 형용하기 어려울 정도이다. 블로크·데니오와 절친했던 페랭 역시 《아날》지에 참여하였고, 나에게 감명을 준 《봉건 사회》와 동일 노선에서 연구를 개진하고 있었다. 엄격한 규준이 적용된 박사학위 논문, 그리고 그의 일련의 연구들은 광범위한 사회사의 길을 밝혀 주었다. 그는 저서에서 농촌 지방인 로렌의 예속민들과 영주의 관계를 다루었다. 페랭은 그 문제에 관해 내가 배운 지리학적 방법론이나 데니오에게서 배운 방법론과 전혀 다른 새로운 방법으로 접근했다. 그의 방법론은 프랑스와 독일 양국에서 가장 엄밀한 고증학적 검증을 거친 법제사적 접근이었다. 페랭은 아주 빈약한 사료만으로 연구를 시작했다. 조사 목록은 카롤링거 왕조 시대에 대규모 토지를 소유한 영주가 자신의 영지에서 기대한 소출과, 그가 영지 소속의 농민들로부터 획득할 수 있는 권리를 제시해 주고 있다. 공조·소작인·부역 및 토지 분할에 관해 기록한 긴 항목의 문서들은 종교 기관의 재산 관리 체계를 향상시키려는 도구로 활용되었다. 종교 기관들은 황제들의 후원으로 쓰기 전통이 부활한 상황에서 하나님의 영광을 드높인다는 명목 아래 세계의 부를 더욱더 확보하기 위해 자신의 문자 해독 능력을 적극적으로 활용하였다. 이후 몇 대에 걸쳐 관리자들은 같은 종류의 양피지를 사용했다. 하지만 관리자들은 특정 항목을 아예 삭제하거나 줄을 그어 지워 버리기도 하고, 필요한 경우 첨가하여 문서를 최신식으로 갱신하지 않으면 안 되었다. 페랭은 기회가 닿는 대로 이런 유형의 모든 자료들을 수집하였다. 그런 다음 그는 세심하게 원문 위에 거듭 겹쳐 쓴 양피지의 연속된 마디들을 식별하였다. 이러한 작업에 의해 그는 본명·숫자·용어의 변경 등 제반 정정 사실을 파악하여 영주의 권력과 영주를 위해 일했던 남녀 신분이 9-12세기 사이에 어떻게 변화했는가를 밝혀내려 하였다. 이러한 고찰 방식에 대한 자세하면서도 명료한 설명이 서문에 표현되어 있으며, 그것이 그에게 필수불가결한 부분이었던 만큼 계속해서 언급되고 있다. 이 설명은 후에 수십 페이지에 걸쳐 수세기간의 농촌 사회사를 거론했을 때 재차 언급되었다. 여기서 페랭이 접근했던 방법론의 효능이 뚜렷이 부각된다. 페랭은 자신이 고증 작업에만 매몰되지 않았음을 보여주려 하였다. 그는 신중하면서도 확고한 자신감으로 가장 엄격한 방법론을 주체적으로 활용한 성과를 이루어 내어 역사학 연구의 선두주자로 자리 잡았다. 이처럼 페랭은 경험 없는 나에게 역사학도로서 필요한 교훈을 제시해 주었다.

나는 이러한 교훈을 특히 한 권의 저서에서 얻었다. 한편 페랭이 내 학위 논문을 '지도하는' 방식은 남달랐다. 나는 1년에 두세 번씩 그를 만나러 갔다. 책으로 가득 찬 그의 서재에서 우리는 대화를 나누며 1시간 내지 1시간 30분 정도의 시간을 보냈다. 이야기 주제는 거의 동일했다. 그는 1914년 전쟁 동안 겪었던 자신의 서사시적 경험과 일화들을 늘어놓았고, 나는 이야기를 경청하였다. 그는 자신의 기억 속에 각인된 아주 세세한 대목까지 묘사하였다. 이러한 대화가 끝날 즈음 나는 연구의 진척 정도를 간략히 이야기하였다. 그런 후

페랭은 나를 문까지 동행하며 논문에 정진하도록 격려하였다. 결과
적으로 나 자신이 논문 지도자의 역할을 겸하였고, 나는 그에게서 연
구 내용상의 지도를 굳이 요구하지 않았다. 나는 논문 지도자가 필
요하다고 생각하지 않는다. 그렇지만 나는 페랭이라는 무언의 사려
깊은 비판적 존재에 인도받고 있음을 항시 느끼고 있었다. 무엇보다
페랭은 무한한 애정을 보내준 은사였다. 만약 내가 논문 쓰는 과정
에서 방황하고 이탈하는 일이 발생했다면, 그는 즉시 나에게 다가와
닥친 문제를 해결해 주고 용기를 북돋아 주었을 것이다.

어쨌든 1942-43년의 음울한 겨울에 파리로 가 페랭을 처음 방문
했을 때부터 나는 모든 기반을 다져 나가기 시작했다. 당시 페랭은
나에게 두 가지 조언을 해주었다. 첫번째 조언은 단순하였다. 서두
르지 말고 폭넓게 읽으며 현 연구 상황에 대한 인식을 분명히 할 것
을 요구했는데, 그럼으로써 나 자신의 기질과 조화를 이루는 방향으
로 연구를 진전시킬 수 있는 가장 풍부한 토대를 찾을 수 있다는 것
이다. 그리고 두번째 충고는 나의 장래 전체를 결정했다고 해도 과언
이 아니다. 페랭은 내가 연구 주제를 결정하고 범위를 한정짓기 이전
부터 손쉽게 구할 수 있는 자료, 다시 말해 이미 간행되어 있어서 곧
바로 작업에 착수할 수 있고, 그럼으로써 나의 실력을 연마할 수 있
는 사료를 입수하는 것이 좋다고 말했다. 나는 좋은 사료를 선택해
야 했다. 좋은 사료란 탐구할 수 있는 풍부한 내용들을 담고 있고,
또한 아직까지 학자들의 손이 닿지 않은 것이라야 했다. 연구중인 다
른 학자들을 눈여겨보면서 나는 페랭의 말을 깊이 음미했고, 차츰 연
구상의 문제들을 검토해 나가기 시작했다. 나는 집에 돌아와 페랭이

권유한 책을 찾아 펼쳐 보았다. 나는 이 책에 푹 빠졌고, 얼마간 거기
에서 헤어나올 수 없었다. 왜냐하면 이 책을 탐독하며 나의 영역, 다
시 말해 마르크 블로크의 연구 발자취를 따라 봉건 사회에 대해 좀
더 진척시켜 나갈 수 있는 나름의 역사 연구 영역을 발견했기 때문
이다.

3

자 재

페랭이 권한 책은 《클뤼니 수도원 특허장 선집》이다. 이 선집은 오귀스탱 베르나르가 편집하고, 알렉상드르 브뤼엘이 수정하여 완간하였다. 이 선집은 1876-1903년에 양질의 두꺼운 8절판으로 출간된 《미발행 프랑스사 관련 선집》 6권에 포함되었다. 나는 수년간, 심지어는 여행 기간 동안에조차 책 표지가 닳아 없어질 정도로 무거운 이 6권의 책들을 들고 다니며 읽고 또 읽었다. 나는 내 연구 작업의 필수적 자재를 이 선집에서 추출하였다. '자재(자료 *matériau*를 말함)'라는 말이 투박하여 건축 노동자들에게 더 적합할 것 같은 이 용어를 나는 생명력 없는 덩어리들, 다시 말해 문서 위에 기록된 거대한 무더기의 단어들이라는 의미로 의도적으로 사용하였다. 이 생명력 없는 덩어리들은 역사가들이 재료의 채석장에서 채굴하고 분류하고 삭제하는 과정을 거쳐 새롭게 의미를 찾게 된다. 그러기까지는 단지 임시 도면 상태에서 건물 축조를 위해 비치된 단어들의 퇴적물이라 할 수 있다.

　　선집의 저자들은 먼저 선집에 있는 내용을 최선을 다해 해독하는 작업에 임하였다. 선집 안에는 특정 공동체의 재산 문서와 특허장의 **필사본**이 담겨 있었다. 문제의 공동체는 클뤼니 수도원의 수사단이었는데, 이 선집을 수합하는 결정은 오딜롱의 수도원장직 재임 마지막 수년간에 해당하는 11세기 중반에 이루어졌고, 이 결정이 실제 실행된 것은 얼마간 시간이 지난 후였다. 그런 과정에서 수도원의 명성이 고조되어 수도원 재산이 현저히 증식하였고, 결과적으로 주변의 세력가들과 이권 다툼이나 질시가 유발되는 빈도가 높아졌다. 이에 수도원은 명성과 자산을 확고히 하고, 토지와 주민에 대한 자신의 권리를 좀더 명확히 할 필요가 있었다. 이러한 상황은 당시 체계를 갖춘 종교 집단 내에서는 흔히 있는 일이었다. 그리고 새로이 수도원의 운영을 맡게 된 종교지도자들 역시 흔히 수도원 내부의 도덕적 개혁을 지향하는 차원에서 이처럼 자산의 효율적 관리를 기하곤 하였다. 그 결과 수도원 관리 책임자들은 수도원의 설립 이래 1백 여년 동안 고문서실에 쌓여 있던 모든 선집을 필사하도록 명령하였고, 필경사들은 오늘날 국립도서관에 세 개의 등록부로 보존되어 있는 양피지의 낱장들을 채워 가기 시작했다. 이 장부들은 수도원의 필사실에 비치되었는데, 이곳에서 수도사들은 계속해서 이를 참조하였고 여분의 페이지에 매일같이 수정하거나 가필하였지만 해가 거듭하면서 작업 과정이 면밀하지 못하게 되는 양상을 띠었다. 베르나르와 브뤼엘은 수집한 풍부한 자료들에 더욱 만전을 기하였다. 그들은 클뤼니 수도원의 고문서실에서 분실된 적이 없는 문서들 일체를 수합하고, 또한 원본들을 찾는 데 주력하였다. 이러한 자료들이 원래 상태로 발견하는 경우는 거의 없었는데, 그도 그럴 것이 따로 떨어진 양피지의 낱장들은 쉽게 분실되었고, 클뤼니 수도원에 남아 있던 자료들도 프랑스 혁명의 여파로 혁명을 전후하여 흩어졌기 때문이다. 그럼에도 불구하고 두 학자는 의외의 필사본들을 적지않게 발견했는데, 이러한 보존은 구체제 말기에 프랑스의 오래된 고문서실에 많은 문서들을 부지런히 수집한 고문서학자들의 덕택이었다. 선집은 다양한 길이와 다채로운 종류로 이루어져 있는 5천5백 개 이상의 문서들로 구성되어 있었다. 나는 바로 이 문서 전부를 앞에 두고 읽어나갔다.

이 문서들은 대개가 필요시에 재판관 앞에 제출하려 했던 부동산 권리증이었다. 오늘날 공증인 사무실에서 작성되는 증서들과 비슷한 이 부동산 권리증에는, 수도사들이 매입 또는 교환을 통해 확보하거나 무수한 기증에 의해 획득한 모든 권리와 공조가 기록되어 있다. 망자를 위한 추도미사 명목으로 10,11세기의 수도원들은 이같은 혜택을 입었다. 당대인들은 이러한 의례를 통해 무수한 망자들의 고통받는 영혼들이 천국으로 인도될 수 있다고 생각했고, 망자 가족의 요청으로 수도사들이 미사를 집전하였다. 게다가 수도사들이 한 구획의 토지 양도와 관련된 모든 문서를 보존하는 것이 차후 도움이 될 거라고 종종 생각했기 때문에, 베르나르와 브뤼엘이 수합한 자료집에는 상당히 희귀하고 귀중한 특정 가문 관련 고문서의 편린들이 포함되어 있다. 상당히 오래전 분류상의 우연한 실수로 인해 교황과 황제의 칙서, 왕실 발행 공문서, 단편적인 회계 장부, 재산 목록, 영수증들이 혼합되어 보관된 사례들이 발견된다. 때로 무질서의 정도가 아주 심한 경우들도 있다.

이렇게 많은 문서들을 샅샅이 뒤져 원하는 자료를 찾는 일은, 8세기 동안이나 손대지 않은 갖가지 문서로 가득 찬 상자를 열어 보는 것과 조금은 비슷했다. 선집에서 발견되는 무수한 단어들의 잃어버린 의미를 복원해야 하고, 본명들의 경우 누구로부터 부여받았는지를 확인해야 하며, 예전에 거론되었던 들판과 숲이 지금은 어디에 해당하는지를 식별하지 않으면 안 되었다. 문서들은 아주 오래된 것이라는 점에서 무한한 가치가 있었다. 클뤼니 수도원의 설립 이전에도 10세기초경 프랑스 서부에 상당수의 수도원이 건립되었던 것으로 보인다. 로마의 전통이 거의 사라진 이곳의 수도원들과 달리, 클뤼니 수도원이 위치한 남부 지방은 재산권을 문서에 기록하던 로마 관습을 오랫동안 끈질기게 유지하고 있었다. 게다가 클뤼니 수도원은 설립 초기부터 체계가 잡혀 있었다. 결과적으로 문서록의 내용들이 재필사되었을 당시 클뤼니 수도원의 고문서실은 전례 없이 풍부한 자료를 구비하고 있었다. 이 선집은 '봉건제'라 불리는 다소 모호한 시기에 대해 역사가들이 입수하고 싶어할 만한 매우 풍성한 자료를 제공해 준다. 이탈리아와 스페인을 제외하면 유럽의 사문서들 대부분은 12세기 중반 이전에 사라졌다. 하지만 그보다 2백 년 전에 설립된 클뤼니 수도원에는 많은 문서들이 남아 있었다.

사실 아주 오래된 문서들은 믿을 수 없을 정도로 내용이 무미건조하다. 그 문서들은 주목할 만한 변화 없이 전문적인 필사실에서 대대로 거쳐 왔던 절차에 따라 작성되었다. 사실상 한 시대의 문서에서 다음 시대의 문서로 넘어가면서 변경되는 사항은 관계 당사자나 증인의 이름, 거래 관련 소유지를 확인하는 일, 지가의 판단 기준이 될 소유지의 면적 등이었다. 이런 자료들은 단지 가계도를 재구성하고, 재산의 상속 흔적을 파악하려 할 경우에만 쓸모가 있다. 일상 생활과 관련된 내용은 거의 나타나지 않는다. 하지만 갑자기 시간이 1000년경으로 이동해 갔을 때 양피지 낱장에서 일상과 관련된 모습이 선명히 부각되기 시작하였다. 이런 일은 권력의 분배와 사법 기관에서 일어난 급격한 변화 때문에 발생했다. 옛 절차들은 더 이상 사용되지 않았고, 이제 분쟁을 떠맡는 위치에 선 당국은 더 이상 문서에 근거하여 판결을 내리지 않았다. 권리는 이제 말과 행동에 의해 표명되었다. 수도원의 재산 관리 책임을 맡은 수도사들은 소송에 대비할 서류를 준비해 두어야 했다. 법정에서 말한 내용, 참석자들의 이름, 특정 서약을 들은 사람의 이름, 소유지의 권리를 상징하는 칼이나 나뭇가지 혹은 한 줌의 흙이 손에서 손으로 이전되는 장면을 목격한 인물, 그리고 나중에 문제가 제기될 경우 거래 사실을 증명해 줄 인물 등에 대한 기록을 보전할 필요가 있었다. 이러한 소송 기록 중에는 일종의 짧은 연대기라 할 만한 것도 있었다. 그리고 법정 분쟁이 가열되어 재판관 앞에 수차례 출석해야 할 경우, 거래 당사자를 뒤쫓아가 숨지 말고 법정에 출두하도록 유인하여 반대편 전사와 결투 재판하게 할 경우 소송 기록은 장황해질 수밖에 없었다. 이 자료들은 과거의 규격화된 소송 절차에서는 거의 드러난 바 없는 행동이나 여러 유형의 사회적 관계에 대해 시사해 주었다. 그리고 자료들이 한 세기 기간 이상의 정보를 담을 정도로 확장되곤 하였다. 그런 다음 어느 시점에 이르면 자료는 차츰 희박해져 갔다. 1120년 이후 고문서 전문가들은 자료 작성에 부주의해졌고, 자료의 수는 감소하였다. 12세기말경 사문서의 양은 재차 증가하기 시작하지만 내용들은 사소한 것들을 담고 있었다. 이제 국가 권력이 차츰 공고해져 공공 권리, 재판 기구들이 재구성되었고, 훈련받은 전문가들 집단이 출현하였다. 중세 초기의 선임자들처럼 훈련받은 이 전문가들은 이미 확립되어 있던 절차에 따라 작업했다. 이들은 작업 분량에 비례하여 급료를 받았기 때문에 최대한 길게 문서를 작성함과 동시에 이를 더 유의하여 보존하려 하였다. 결과적으로 문서량의 증대에도 불구하고 참고할 만한 내용은 오히려 감소한 느낌이다. 역사가들에게 유용한 참조 대상이 될 현존 사료들은 10세기의 경우와 같이 공백을 채우는 정도의 단순한 사실들 이외에는 남지 않을 정도로 감소하였다.

심혈을 기울여 선집을 읽어 나가는 동안 나는 연구 대상 시기를 설정함에 있어서 나름의 확고한 판단이 섰다. 나는 탐구 범위를 핵심적인 기간 전후 3, 40년을 포함하여 두 세기, 11-12세기경으로 한정하였다. 이처럼 나의 연구 대상 시기는 애초부터 확정된 게 아니라 내가 클뤼니 수도원의 고문서실에서 발견한 사료를 분석하는 과정에서 결정되었다. 나는 동시에 연구에 가장 적합한 연구 대상 영역을 선정하는 성과를 얻었다. 이에 적합한 영역은 주목할 내용을 풍부히 담은 자료가 수합될 수 있는 지역이라야 하였다. 결과적으로 이는 비교적 한정된 영역이었다. 당시 클뤼니 수도원은 영향력을 확장해 나갔고, 스페인과 이탈리아·독일에서 기증받고 있었기 때문에 고문서실에 보관된 증서들은 광범한 분포도를 보이고 있으나, 사실상 증서들 대부분은 클뤼니 수도원이 23개의 '수석' 사제관 주변에 획득한 방대한 토지 재산과 관련되어 있었다. 수석 사제관 영역은 경작과 징세의 단위였는데, 각 영역마다 한 명의 수사가 관리 책임을 맡고 일단의 관리자들이 그를 도왔다. 이들은 직임을 맡고 있는 수도사를 보좌하여 수도원의 농장과 지하 저장실, 그리고 마구간에 물품을 공급해 주는 일을 했다. 따라서 해당 자료들이 지속적으로 확실한 정보를 제공해 주는 것은 클뤼니 수도원의 인근 구역에 한해서였다. 결과적으로 나는 연구의 초점을 주교구나 특정 세력가의 정치 권력이 작용하는 행정 구역, 지리학자들이 규정하기 좋아하는 지리적 영역들 중의 한 지역에만 맞출 것이 아니라, 내가 설정한 연구 작업의 효율적 진행을 위해 수량적으로 충분한 자료들이 보존되어 있는 우연한 지역에 맞추기로 했다. 내 연구의 지리적 한계는 북쪽으로는 샬롱의 경계, 남쪽으로는 보죄의 경계를 넘어서지 않고, 서쪽으로는 샤롤레와 동쪽으로는 브레스의 경계 내에 속한 지역이었다. 나는 이렇게 한정된 영역——대강 현대 프랑스의 도(道, département) 절반 정도의 크기——내에서 지리학자의 방식으로 사회 체제의 복잡한 상호 관계 일체를 이해하기 위해 고찰 가능한 모든 것을 살펴보려 하였다.

바로 이러한 측면에서 나의 연구와 마르크 블로크의 연구 간에 중요한 차이점이 있다. 1908년 라이프치히에 체류중이었던 블로크는, 중세학자들의 전통적인 방법과 라첼이 발전시킨 인류지질학의 총체적인 방법을 결합함으로써 얻는 가치를 깨달았다. 그리고 그는 봉건 시대의 농촌 사회에 대한 좀더 심층적 고찰을 위해 고문서를 살펴보는 과정에서 자신의 연구 영역을 파리에서 그리 멀지않은 소규모 지역으로 한정시켰다. 하지만 20세기 초반에 활동한 대부분의 역사가들처럼 블로크는 제도사 연구를 선택하여, 처음에 그의 박사학위 논문의 주제가 되었던 농노제를 연구한 다음 《마술사 왕》이라는 책에서 왕권을 연구 주제로 다루게 된다. 《프랑스 농촌사의 근본적 성격》을 저술할 때와 마찬가지로 비교방법론의 성과를 확신했던 블로크는, 후자를 집필하는 과정에서 광대한 영역에 걸쳐 나타나는 모든 차이점을 한눈에 찾아내려고 했다. 《봉건 사회》의 서술 작업에 착수했을 때에도 그의 방법론은 동일하였다. 그는 장기 지속의 차원에서 라틴 기독교 세계의 전 영역과 기간에 걸쳐 몇몇 주요 제도들의 기능을 묘사하였다. 그렇지만 이 점과 관련하여 나에게 모범적 사례로 보인 것은 마르크 블로크의 것이 아닌 샤를 에드몽 페랭의 방법론이었다.

일단 연구의 지리적 경계를 결정하고 난 다음에도 나는 이에 대해 계속 고민하지 않으면 안 되었는데, 왜냐하면 클뤼니 수도원이 해당 지역 내의 모든 토지를 점유했던 게 아니기 때문이다. 나는 당연히 다른 고문서실에서 도움이 되는 정보를 발견할 수 있을 것으로 확신하고 있었다. 사실 중세에 이 부근에는 눈에 띄는 수도원들이 상당히 자리잡고 있었다. 그 중 가장 유서 깊은 곳으로는 투르뉘 수도원이 위치하였고, 마콩과 샬롱에 두 개의 대성당이 있었다. 신전기사단과 병영기사단 부속 수도원들이 관할하던 영토 등 원거리 수도원에 속한 수도원의 분원도 자리하였다. 이들 종교 단체 명의로 발행된 토지 권리증들이 모두 일실된 것은 아니었다. 게다가 클뤼니 수도원 이외에 다른 수도원들의 경우에도 증서들 대다수가 이미 출간되었고, 그로 인해 내 작업은 용이하게 되었다. 내가 활용한 45개의 출판물 중 11개는 17,18세기에 출간된 것으로 추정되고, 대략 전체의 3분의 2에 해당하는 29개의 출판물은 19세기 후반의 것이었다. 그리고 단지 5개 정도만이 1910년 이후에 출판되었다. 이 수치는 제2제정기와 제3공화정 초기 프랑스에서 불타오른 지식에 대한 열정을 보여주며, 한편 20세기 초반에는 그 열정이 시들해져 간 사실을 드러내 준다. 어쨌든 나는 도서관들에서 마콩 대성당의 선집을 포함하여 7선집을 찾아냈는데, 대성당 참사회원들은 소실을 예방하기 위해 선집을 회랑 벽의 한 장소에 사슬로 단단히 묶어 놓았다. 아마 수도사들은 이 벽이야말로 자신들의 권리를 가장 확실히 보호해 줄 것으로 여긴 것 같다. 나는 국립도서관에서, 그리고 리옹과 디종의 도서관에서 일실된 상당수 원본의 필사본들을 발견하고 조사하였다. 극히 희귀한 원사료들은 손에루아르 강 주변의 고문서실에서 수집했다. 당시 고문서 보관자들은 종종 자신이 책임 맡고 있던 문서들의 소유자로 여겼고, 따라서 가능한 한 타인의 접근을 막으려 하였다. 나는 이러한 고문서 보관자들의 심술궂은 경계심 때문에 무척 애를 먹었다. 마침내 허락을 얻어 냈지만, 그 안에 들어갔을 때 상당히 실망했다. 나는 방대한 규모의 고문서실이 있을 것으로 믿었는데 매우 초라하였다. 하지만 나는 고문서실에 붙은 아주 작은 독서실에서 정말로 즐거운 순간들을 보낼 수 있었다.

　나는 혼자 있었다. 나는 탁자 위에 상자 하나를 부탁하여 갖다 놓았다. 그리고 그것을 열었다. 이 상자에서 무엇을 볼 수 있을까? 나는 첫 묶음을 꺼내 그것을 풀고 양피지 낱장들 사이에 내 손을 살짝 댔다. 그런 다음 그 중 하나를 들어 펼쳐 보았다. 벌써 그 순간 나는 특별한 즐거움을 느낄 수 있었다. 종종 이 오래된 가죽은 만져 보면 무척 훌륭한 것들이었다. 흥분과 더불어 나는 은밀하고 비밀스러운 장소로 들어간다는 느낌이 들었다. 양피지 낱장들을 펼쳐 평평하게 펴면, 그것들은 마치 정적한 고문서실을 오래전 사라져 버린 삶의 향기로 가득 채우는 듯하다. 8백 년쯤 전에 마치 불멸을 위해 비문을 새기듯 깃펜을 잡고 잉크를 담아 느긋하게 글씨를 써나가던 이의 채취를 느낄 수 있다. 문서는 바로 눈앞에 그것이 씌어진 순간만큼 생생한 느낌으로 다가온다. 그 오랜 세월 동안 이 양피지의 단어들을 찾아 시선을 고정한 인물이 몇이나 될까? 많아야 넷 아니면 다섯, 그들은 축복받은 소수일 것이다. 또 다른 기쁨과 흥미는 원전을 해독하는 일인데, 이 작업은 사실 인내심을 필요로 한다. 오후가 거의 다 지날 무렵 당신은 한 줌의 사실들, 다시 말해 조그만 수확물을 갖고 떠난다. 하지만 그것들은 어느 누구도 탐색 방법을 모르고, 사실들의 존재 이상으로 그것에 대한 탐색이 훨씬 중요하다는 점에서 자기 자신만의 것이다. 역사가들이 '사료'라고 부르는 기호화된 글씨, 다시 말해 만지고 냄새 맡을 수 있으며 확대경으로 관찰할 수 있는 글씨의 형태로 난파선의 표류물처럼 세월의 심연으로부터 건져올린 원본들의 편린을 접할 때 역사가들은 구체적인 실체, 그토록 찾고 싶어하지만 포착하기 어려운 진리에 더욱 근접할 수 있을 것이다.

마콩의 고문서 중에서 12세기의 가장 풍부한 자료는 라 페르테 수도원과 관계된 것이다. 이 수도원은 성 베르나르두스와 그의 동료들이 쓰러져 가는 시토의 낡은 오두막집에서 함께 기거하며 기반을 마련한 시토 수도회에서 나온 첫번째 수도사 집단이 손 강변의 숲 속 깊은 곳에 설립한 것이다. 이 자료집은 상당히 색다른 종류의 선집을 포함하고 있었으며, 등록부라기보다는 철하지 않은 한 다발의 양피지 모양이었다. 이 중에는 길이가 1미터 이상 되는 것도 있었고(시토회 수도사들은 뛰어난 가축 사육자로서 시범 농장에서 제법 큰 규모로 양들을 사육하였다), 또한 전반적으로 훌륭하게 무두질되어 있었다(그들은 또한 뛰어난 장인이기도 했다). 이 양피지 위에는 납으로 만들어진 철필로 평행선이 아주 조심스럽게 그어져 있어 라틴어 글자들이 완벽한 일렬의 정선을 이루었다. 경탄할 만큼 훌륭한 서체의 글씨들은 매우 양질의 잉크로 씌어져 마치 글씨가 바로 전날에 기록된 듯한 느낌이 들 정도였다. 마치 시토회 수도원이 회랑뿐 아니라 기숙사나 농장 우리에 이르기까지 수도원 건물 일체가 보는 이들 마음을 전율케 할 아름다움으로 외장되어 있듯이, 이 수도원의 문서들은, 심지어 일반 행정 문서조차 엄밀하고 외형상의 조화를 이루며 완벽을 기하려는 필경사들에 의해 작성되었다. 이 우수한 자료들을 보며 나는 환상에 사로잡혔다. 당시 박사학위 후보자들은 자신의 주논문에 덧붙여 부속 논문을 제출하도록 되어 있었다. 이에 나는 내 연구에 활용하고 있던 45장에 달하는 원본에 대해 사료 비판해 놓은 편집본의 부록으로서 내가 발견한 26장의 양피지의 내용을 출간하기로 결정하였다.

고문서실과 도서관에서 자료를 찾는 동안 나는 연구와 관련된 지역의 증서들을 이미 《클뤼니 수도원 특허장 선집》에 들어 있는 것보다 두 배나 많이 수집하였다. 거의 1만여 점에 달하는 문서 중에는 두세 줄 정도의 길이로 된 것도 있었고, 수십 장의 지면에 걸쳐 다루어진 것도 있었다. 그렇다면 문학 사료의 경우는 어떠한가? 이 문학 사료는 공증인에 의해 작성된 자료가 아니라 문필가에 의해 만들어진 것을 의미하며, 즐거움을 주거나 혹은 특정 세계관을 드러내거나 세계관을 심어 주는 등 공중과는 다른 목적으로 창작된 자료들을 가리킨다. 문학 사료는 당연히 행정적 용도의 사료보다는 훨씬 설명이 많지만 신뢰도는 그다지 높지 않다. 일반적으로 문학 사료의 저자는 스스로를 정직하다고 여기고 자신이 안다고 생각한 것들을 언급하지만, 나름의 서술 욕구로 인해 무의식중에 사실을 왜곡하여 표현하고 특정 사실을 강조하는 반면, 다른 사실은 간과하려 하면서 거짓말은 아니되 사실을 조작하려 하며, 때로 자신의 관심사가 아닐 경우 불가피하게 자기 환상의 포로가 되기도 한다. 나는 이러한 사료에 그다지 의존할 수 없었다. 또한 당시 이 지역에서 이런 종류의 사료는 별로 산출되지 않았다. 마콩과 그 인접 지역은 카롤링거 왕조가 시도했던 문화적 융합이 가장 성공하지 못한 지역이라고 일컬어지는 갈리아 지방의 남부에 속해 있었다. 여기에서 역사와 연대기는 부차적인 분야로 남아 있었다. 성직자들 중에 종교 기관이 망자를 위한 의례 집전을 위해 마련해 놓은 달력의 여백에 교황의 죽음, 전염병의 유포, 번개로 인한 교회 탑의 소실, 승리 소식, 또는 아주 이례적인 추수 등 주목할 만한 사건들을 의도적으로 신경 써서 기록하려는 사람들은 거의 없었다. 고전적 라틴 형식에 의한 《역사》를 편찬하기 위해 곳곳에 산재한 기록들을 일일이 모으는 수고를 하려는 사람은 더더욱 찾아볼 수 없었다. 궁극적으로 내가 찾아낸 소수의 자료들은 클뤼니 수도원에서 나온 것이었다.

주요 수도원에서 수도원장이 서거하면 그를 추념하며 그의 거룩한 행적에 대한 조사가 실시된다. 마침내 그의 삶에 대한 이야기가 작성되면, 이 전기들은 결과적으로 다량의 정보를 담게 된다. 하지만 내가 제기한 일련의 질문에 대해서는 위 전기들이 그다지 도움이 되지 못했다. 왜냐하면 내용들이 주로 초자연적이거나 일상과 다른 종류의 수도사 사회, 다시 말해 수도사들이 칩거하며 시편의 글귀에 푹 빠져 의도적으로 내가 살피고자 하는 세계로부터 떨어져 나간 사회에서 있었던 생활을 다루고 있었기 때문에 나는 외람되게 이런 부류의 자료를 고려 대상에서 제외하였다. 나는 클뤼니 수도원의 수사이며 '말끔히 면도한(Glaber)' 이라는 별명의 라둘푸스 글라베르의 저서에 좀더 주의를 기울였다. 그가 저술한 5권짜리 《역사》는 11세기 중반에 클뤼니 수도원장 오딜롱에게 헌정된 것이다. 빈틈없고 모험심이 강하며 선견지명이 탁월했던 라둘푸스 글라베르는 많이 보고 들으며 또 이를 기억했다. 그러나 그가 당대의 사건들에 대해 들어 알게 된 사실들을 정리할 필요가 생겼을 때, 예컨대 살인이나 순례, 기근, 교회의 축조, 하늘에서 유성이 떨어진 일, 기독교 세계의 지도자들이 태어나고 죽는 사건이 일어났을 때, 그는 기존 질서를 파괴하는 우연한 사건의 형식으로 신비하게 나타나는 신의 분노나 자비 등을 열거하며 신의 의지를 드러내려는 의도를 명백히 갖고 있었다. 그의 책에서 섬광처럼 극히 짧게 부분적으로 나타나는 실제 사회 생활 모습, 다시 말해 환상적인 표면 밑에서 전개된 실체나 원전의 찢어진 틈 사이에 간혹 희미하게 발견되는 실체의 흔적을 밝히는 일은 나에게 좀체 가능하지 않았다. 당대의 역사가들은 이러한 방식으로 이런 부류의 자료를 탐색하여 정보를 추출하는 작업의 유용성을 아직 발견하지 못했다. 결과적으로 나는 글라베르보다 대략 한 세기 뒤의 인물인 클뤼니 수도원장 가경자(可敬者) 피에르의 글에 주로 의존했다. 나는 피에르가 공식 문서에 산적한 행정 문제와 지방의 대지 주나 고리대금업자인 유대인들 때문에 겪었던 곤경을 적은 내용에 주목하였다. 또한 나는 피에르가 지역 사회의 구성원들이 사람들에게 전도하는 이야기들을 모아 편집한 〈경이로운 것에 관하여〉라는 제목의 논문에서 당대 사회 조직에 관한 정보의 발견을 희망했다. 실제 여기에 소개된 일화들은 현세와 관련된 내용을 거의 담고 있지 않았다. 주인공들은 안개로 흐릿한 이승의 무대 위를 활보하기도 하고 슬퍼하기도 했다. 저자는 비현실적인 세계에서 꼭두각시처럼 움직이는 존재들을 설정하며 천국과 지옥에 대해 설교하거나, 이승에서 자신의 영혼 구제를 위한 준비의 필요성을 언급하기도 하였다. 글라베르의 경우와 마찬가지로 이러한 장면 설정이 실제 당대인들의 행동 방식에 대해 말해 주는 것은 거의 없다. 그럼에도 불구하고 그의 저술은 당대인의 심성과 관련된 많은 내용을 암시해 주고 있으며, 궁극적으로 나는 이 두 원본을 최고의 가치를 지닌 사료로 평가하게 되었다. 하지만 1944년 시점에서는 이 사료들의 가치를 정확히 알지 못하였다. 다른 사람들이 경제사에 접근해 갔던 시기에 나는 사회사적 접근을 추구하였는데, 당시에는 자료의 외형적이고 확연히 부각되는 의미에만 의존하고 있었기 때문에 그 자료가 내포하고 있을지도 모르는 다른 의미, 다시 말해 잠재적인 의미를 결코 인식하지 못하였다.

4

연구 작업

게다가 나는 전반적으로 수집한 원사료를 취급하는 솜씨가 아직 미흡하였다. 내가 연구를 시작할 무렵 역사가가 되기를 희망하는 학생들에게는 두 가지 길이 열려 있었다. 하나는 고증학 전문가를 훈련시키는 고문서 학교에 들어가는 것이고, 다른 하나는 교육자를 양성하는 대학의 인문학부를 선택하는 길이었다. 고문서 학교는 역사 자료의 취급 방식을 가르쳤다. 대학은 사료의 취급 방법보다는 역사 교수법을 주로 가르쳤다. 나는 대학을 선택했다.

1821년 고문서 학교가 설립되었을 당시 당면 과제는 재건이었다. 그 목표는 계몽주의 시대의 냉담함, 압제의 최후 찌꺼기까지 척결하려는 프랑스 혁명의 의지, 그리고 제1제정의 과도한 근대화 욕구 등으로 인해 그간 훼손된 것을 복구하는 데 있었다. 바로 그러한 이유로 설립된 새 교육 기관은 고문서 학교로 명명되었다. 왕정이 수여한 증서, 성직자와 귀족의 특권을 보장해 주는 증서, 그리고 심지어 오귀스탱 티에리가 연구를 시작한 분야로서 승리한 부르주아가 자신의 자유와 부의 기초로 삼은 특허장, 이 모든 것이 고문서였다. 재확립된 질서는 과거의 기억 위에 토대를 마련하였다. 새 질서는 합법성을 보장받고 싶어하였다. 새 질서는 젊은 미슐레를 사로잡았던 낭만주의를 향한 열정 덕에 중세로 눈길을 돌렸다. 새 교육 기관은 작업 재개의 능력을 갖춘 사람을 양성하려 하였다. 이 작업은 17세기에 시작되어 18세기에 이어져 온 것으로, 베네딕트 수도사들이 안락한 수도원에서 행하던 일이었다. 베네딕트 수도사들은 수세기간 흙먼지와 망각으로 판독 불가능해진 필사본들을 되살려 내는 작업에 착수하고, 자료를 적절하게 읽고 연대를 매기며 위작을 가려내는 데 헌신하였다. 그들은 고문자학이나 공문서학에 정통했다. 마치 경찰의 조서처럼 자료들이 담고 있는 사실을 드러내고 ‘증거’의 보충을 위해, 전문가들은 차츰 합리적인 사료 비판 방법을 정교히 다듬어 갔다. 고문서 학교는 이러한 고증학 개척자들의 유산을 물려받았다. 이 학교는 과학적 정확성을 외피로 하는 역사 방법론을 교습하는 데에 탁월했으며, 그러한 측면은 지금도 유효하다. 역사가가 원 ‘사료’를 확보하고 원석과 찌꺼기를 구분하며 사료를 정련하는 법을 이 학교보다 잘 훈육하는 곳은 벨기에나 독일에도 없다. 프랑스 인문대학의 중세사 강사들은 이러한 ‘보조’ 학문의 필요성에 대해 단지 모호하게 암시하는 정도였다. 나는 장 데니오의 지도를 받아 고문서의 해독 연습에 몰두하였다. 공부 교재가 된 고문서는 13세기 이전 휘갈겨 쓰지 않은 장엄한 문체의 문서로서, 주의하면 그다지 함정에 빠질 염려가 많지 않은 종류의 것이었다. 그리고 나는 문서의 형태와 용어 사용법의 관찰을 통해 칙령의 진위 여부를 분간할 수 있는 정도의 능력은 있었다. 입문 당시에 이 정도 실력이었던 나는 자료와 씨름하면서 연구의 초보적 견습 기간을 거쳐야만 했다.

　얼마 지나지 않아 나는 검토 자료가 기대한 만큼 정확하거나 신뢰할 만하지 못하다는 사실을 알게 되었다. 특히 고문서 학교 출신인 베르나르와 브뤼엘이 편집한 자료들이 더욱 그러하였다. 게다가 나는 역사학자가 얻고자 하지만 항시 우리의 손길을 빠져나가는 진실과, 역사학자가 자신의 탐구 자료에서 추출하는 것 간의 괴리를 파악하는 데 애로를 겪지 않으면 안 되었다. 나와 진실 사이에는 심혈을 기울여 맑은 채로 정보를 걸러 추출할 대상인 사료가 놓여 있었다. 내가 막 이용하기 시작한 한 다발의 고문서와 기록, 법률 문서 및 기타 목록들은 그나마 의심의 여지가 가장 적고 공정한 편이며 사실적이고 역사적인 자료였다. 저자가 자신의 환상이나 정열, 또는 설득의 욕구로 인해 자료를 손상시키지는 않았다. 이 자료들은 일종의 도구로서 절제되고 진솔한 의도를 담고 있었다. 제작 당시에 변조의 의도를 담고 있지 않은 자료는 드물었다. 11,12세기경의 수도사들은 수도원 필사실 안에서 자료 앞에 수그리고 앉아 토지 등록부에서 소실된 증서를 대체하기 위해 위조 필사하는 일을 별다른 죄책감 없이 해냈다. 그들은 거의 언제나 자신의 소신에 따라 그리 행하였다. 그들은 실제의 원본이 존재하였고, 그것이 소실되었기에 자신의 기억을 되살려 신실하게 원본의 자격을 회복시켜 놓을 수 있을 것이라고 확신했다. 그러나 이런 변조는 일반적으로 특별한 기부나 대제후가 증여한 중요한 특권에 관련된 것이지, 클뤼니 수도원에서 문서록 필사에 의해 확보하고자 한 소규모 영주권 관련 권리에 대한 것은 아니었다. 내가 발견한 자료의 라틴어 문장들은 간결하고 진솔한 내용을 담고 있는 것으로 보였다. 고문서보관소에서 라 파르테 수도원 수사들의 서명이 담긴 아름다운 양피지 종이를 내가 만지면서 지각한 진실, 그 흔적에서 느낄 수 있는 자명한 진실이 자료의 단어들에 접근하는 순간 멀어져 가는 듯했다. 표면에 씌어져 있고 완벽하게 판독 가능한 이 글자들은 사실상 다른 부류의 말들, 인간의 생활과 행동에 더 가까운 다른 말들을 표현하고 있었다. 자료의 단어들은 일의 종결 후 작성되었고, 내용의 순서가 뒤바뀌어 기록되기도 하였다. 우연히 잔존한 원본을 발견하기도 했는데, 나는 실수하지 않고는 사본이 사라질 수 없다는 사실을 인식하게 되었다. 그리고 그 실수란 필경사들이 부주의해서 혹은 수고를 아끼기 위해 절차를 삭제하거나 이름을 빼서 발생한 것이었고, 그 결과 때로 철자법이 다르게 나타날 때도 있었다. 그렇다면 내가 수중에 둔 자료 중 복제본 이외에 다른 것이 없는가? 그리고 복제본의 또 다른 복제본들, 수없이 파손된 문서복의 편린들에 대해서는 어떻게 고려해야 할까?

게다가 진짜 원본 필사본을 앞에 두고 해독할 때, 그리고 미지의 성당 지하실 문을 비집어 열고 들어가는 순간처럼 내가 몇 세기간 만에 처음으로 부인할 여지없이 진지하게 작성된 나의 '증거'로부터 단어와 구절들을 추출하는 과정에서, 나는 필경사들이 기계적으로 그리고 습관적으로 관례를 되풀이하며 단어와 구절들 사이에 매긴 번호를 활용한다는 사실을 깨달았다. 또한 사람들이 해당 재산을 증여하고 계약서를 작성하며 이 권리에 대해 분쟁할 때, 실제로 표명된 말들을 이와는 전혀 상이한 방식의 엄격한 공증인의 언어(오늘날 경험에서도 알 수 있듯이 특성상 일상 생활에서 묻어나는 생생한 채취를 상실하고 무미건조한 형식으로 표현된 언어)로 대체했다는 사실을 인식하게 되었다. 그것도 물론 완전히 죽은 언어는 아니지만 농부나 심지어 자신의 의지가 자료에 반영되도록 주문한 전사들마저 한마디도 이해하지 못하는 라틴어로 변개되었던 것이다.

나는 순진하게도 이러한 자료상의 전사, 농민들에게 여과 없는 접근을 하려 시도했다. 나는 연구에 임하면서 최소한 그 중 몇몇에 대해서는 그들 상호간을 결합해 주는 유대감, 혹은 가시적이건 그렇지 않건 그들이 세계와 마주하며 체감하는 관계들에 대해 어느 정도 밝혀낼 수 있을 것으로 기대했다. 8세기를 거슬러 올라가 당시의 실제 인물들과 접촉하는 일이 나의 목표였다. 이 작업의 단초로 나는 수집한 자료에 언급된 사람들의 면면을 밝혀야만 했고, 이를 위해 몇 권의 자료에서 언급된 수많은 고유명사들을 가능한 한 정확하게 시공간 속에 배치해야 했다. 그보다 먼저 나는 모든 자료의 연대를 매겨야만 했는데, 이것 역시 쉬운 일이 아니었다. 10,11세기 내내 그리고 12세기의 대부분 기간 동안 자료 작성자 중 극소수만이 자료에 연대를 기입했다. 당시의 기록 전통은 우리의 기간 개념과는 현저히 달라 가장 정확한 기록일지라도 어느 달, 어느 요일인지를 기록하는 것이 상례였다. 종종 자료들은 지역의 지배자나 주교구의 감독 또는 수도원장의 이름을 명확히 명기했다. 이러한 표시는 유용하였다. 하지만 영주나 주교·수도원장 임기의 연도가 명시되어 있지 않을 경우 자료의 연대는 여전히 불명확하였다. 다른 경우들도 그렇지만 내가 취급하는 자료가 다름 아닌 클뤼니 수도원에 관한 것인 만큼 불확실성의 의미가 더욱 크게 느껴졌다. 클뤼니 수도원에서는 오랫동안 관리를 잘해 왔으나, 이제 나이가 들어 기력이 쇠해진 수도원장이 자기 동료 수사들의 이목을 한 젊은 청년에게 향하게 한다. 그는 탁월한 재능을 지닌 이 젊은이를 자신의 후계자로 지목하길 원한다. 그리고 공동체는 엄격한 기율에 따라 그의 소원을 존중한다. 이런 방식으로 2세기 기간 동안 단 4명만이 수도원장직을 계승했다. 따라서 클뤼니 수도원이 소장한 많은 증서의 연도를 확인할 때, 새로운 수도원장의 재임초부터 말까지 대략 50년간에 걸쳐 기록된 매사건의 정확한 연대 설정은 어려운 실정이다. 나는 불확실성을 해소하기 위해 동일한 이름들이 나타나는 자료들을 샅샅이 살펴보았을 뿐 아니라, 세부 사항들과 필경사의 문체 혹은 개인이나 지역의 명칭이 우연히 일치하는 것들에 의존하였다. 나는 수천 점의 자료에 대해 이런 종류의 비교를 지속해 나갔다. 그 이유는 내가 단지 복제본만 가지고 있어서 실제 원본과 비교하는 더 신뢰할 만한 방법을 활용할 수 없었기 때문이다. 나는 작업 과정에서 베르나르와 브뤼엘의 방법론에 상당한 결함이 있다는 사실을 발견했다. 부주의나 집중력 저하로 인해 그들은 나보다 이런 종류의 작업을 훨씬 미진하게 수행했고, 결과적으로 문서록의 연대 설정이 실수투성이였다. 내가 실수의 상당 부분을 교정했다고는 하지만 나도 비슷한 실수를 일부 저질렀을 것이고, 때로는 아무리 조사를 해도 납득할 만한 실마리조차 얻지 못하여 포기해 버리고 마는 경우도 있었다.

또 다른 골칫거리는 각 사람과 장소를 그것의 본래 이름과 연결시키고 확인하는 작업이었다. 내 수중에 있는 거의 모든 출판 사료집에서는 최소한 나의 연구 영역과 관련하여 연구상의 필수불가결한 요소들, 예컨대 지명 사전이나 적절한 도량형에 관한 언급, 이용 가능한 지도를 발견할 수 없었다. 나보다 수년 전에 나와 같은 지역을 연구한 앙드레 델레아주는 유용한 카탈로그를 논문 부록으로 출판했었다. 그것을 제외할 경우 그나마 접근 가능한 자료는 무엇인가? 무엇보다 바로 현재의 경관이 있었다. 나는 해방된 후 해당 연구 지역을 주파하며 오베르·기욤 그리고 레토처럼 기록상에 자주 등장하는 인물들이 태어났었고, 이제 평화의 잠에 갓 취한 마을들을 탐색하였다. 여전히 아름다운 경관을 보존한 이 마을들은 사실 나에게 익숙한 장소들이었다. 나는 페랭의 권유를 충실히 따른 결과 클뤼니의 고문서에 나오는 지명들을 '암기하다시피' 한 상태였다. 또한 나는 유년 시절 이곳 솔뤼트레 바위 급경사 위에서 잠들곤 했던 기억이 있다. 가을에 되면 마콩 인근의 언덕들은 황갈색으로 변한 햇빛으로 눈부셨고, 회양목과 철쭉 그리고 백리향 냄새가 온 땅에서 스며났다. 손강 주변의 광대한 초지를 가로지르다 보면 진정 예전 내 집 뜰에 되돌아온 것 같은 착각이 들기도 하였다. 우리 조상은 이 땅에서 몇 세기인지도 모를 세월 동안 계보를 이어 왔다. 방향을 돌려 내가 이제 탐사를 막 시작한 서쪽 산등성이 너머에는 클뤼니 지역보다는 덜 험하고 식물 분포도 많지 않지만 나를 안락하게 해주는 언덕들이 자리하였다. 나는 이 친숙한 길과 통로들을 거듭해서 돌아다녔다. 내가 이 지방에 느끼는 이토록 친밀하고 정겨운 느낌이 내 연구의 필수적 단초가 되었다고 여겨진다. 이처럼 농밀하면서도 설레는 마음으로 나는 탐사 전날 밤 미리 편집하고 분석한 자료들이 더욱 생생히 다가올 수 있기를 기대하였다. 내가 포도밭 사이를 쟁기나 괭이를 직접 갈았던 것은 아니지만, 추수기 때 일부러 마을 주민과 식사를 함께하거나 탈곡을 보조하는 경험을 했다. 나는 순진한 마음일진 몰라도 이렇게 함으로써 순수한 시골 사람들과 조금은 더 친밀해질 수 있으리라 생각했다. 프랑스의 루이 7세 왕이 용병들의 약탈로부터 구해 주던 날 그 땅을 경작해 왔던 바로 그 시골 사람들과 말이다. 나는 샤페즈 숲을 산책하면서 그들의 발자취를 따라 걷고 있다는 강렬한 느낌으로 압도당했다.

역사가들은 종종 연구실 밖으로 나가 돌아다닐 때 평소 구하던 것을 찾을 경우가 있다. 나 역시 그러한 경험을 한 적이 있다. 나는 클뤼니 지역의 로마네스크 성당들을 사랑한다. 나는 어느 날 오후 늦게 테제에 있는 단순하고 비좁은 한 성당에 들렀었다. 그때 성가대석에서는 진푸른색의 성가대 복장을 한 네 남자가 찬송을 부르고 있었다. 찬송이 끝난 후 나는 그들과 합류하여 짧은 대화를 나누었다. 그 중 지도자로 보이는 한 인물은 자신들이 스위스의 장로교도임을 밝히면서 클뤼니의 영성을 체험하고 싶은 바람으로 그곳에 왔다고 설명했다. 작별 인사를 할 때 나는 손을 내밀었다. 나와 이야기하던 사람은 시골풍의 젊은 속인에게 손을 내미는 게 자신의 품위를 떨어뜨리는 일이라고 느꼈던지 주저하며 소매 안으로 손을 집어넣었다. 지금 이 순간에도 생생히 이 장면을 기억할 정도로 그 행동은 나에게 커다란 충격을 주었었다. 갑자기 모든 것이 명백히 다가왔다. 나는 '클뤼니의 정신'이 무엇이었는지, 11세기에 성직자들의 세계가 대변하고 있는 게 무엇인지 이해하게 되었다. 나는 우주를 엄격하게 위계적 관념으로 파악하고, 성직자의 지위를 한 사회적 위계의 차원으로 유지하려 한 결단이 얼마나 강렬했는지를 이해하게 되었다. 더불어

나는 자존심 강하고 거만할 정도로 가부장적인 수도사가 농부들과 유지했을 거리를 추측할 수 있었다. 나아가 이들은 밭을 경작하던 하층 농민뿐 아니라 일반 기사나 주위 장원의 영주들과도 일정한 거리를 유지했는데, 그 이유는 당시 수도사들 자신이 독수리처럼 고고하게 날고 있다고 확신했기 때문이었다. 그들은 기도를 통해 망자들 중 추념 대상이 될 인물을 선택할 권리를 지닌 존재였을 뿐만 아니라 특정 지역의 상당 부분을 지배하는 세속 권력자였다.

내가 들판과 숲 속을 오가며 찾으려 한 것은 실질적으로 확신할 만한 구체적 증거였다. 내가 라틴어 자료를 읽으며 한 땀씩 기워 나가려 하는 넝마 같은 실체는 더욱 단단한 직물을 필요로 했다. 나는 기존의 것과는 현저히 다른 종류의 증거를 중첩해서 보길 원했다. 다르지만 풍성한 자료로, 어둠침침한 고문서실에 보존된 게 아니라 햇빛에 노출되고 삶 속에 고스란히 펼쳐져 있는 자료를 나는 원했다. 내가 진력하여 구성하려는 대상은 마치 산산조각난 프레스코와 같아서 나는 파편들이 먼지로 산화해 버리기 전에 그것들을 단단한 캔버스 위에 붙여 모을 수 있기를 희망했다. 하지만 이 작업은 프레스코의 복구보다 더 난제였다. 재생 기술 이상의 보조 방법론이 절실히 필요했기 때문이다. 복구될 작품의 세세한 구석까지 생명력을 불어넣기 위해서는 고저와 색감의 적절한 배합이 뒤따라야 했다. 내가 과거로부터 현재로 풍경이 변천한 양상을 만족스럽게 묘사할 수 없다는 것은 어쩌면 너무 당연한 일이었다. 그렇지만 재차 순진하게 나는 시간을 거쳐 변천해 온 많은 것들이 실제 본질적으로는 변화하지 않았다고 믿었다. 기술적인 혁신에도 불구하고 연구 대상 지역의 예전 경관이나 흔적이 결정적으로 뒤바뀌지는 않았다. 그리고 40년 전만 해도 도로망은 여전히 1000년경과 크게 다르지 않았다. 그러나 주거지의 위치와 분포 방식이 현저히 변화한 사실은 부인할 수 없었다. 클뤼니 수도원의 문서록에 '메르지아쿰(Merziacum)'이라 언급된 지명은 오늘날에는 그로스 강가의 방앗간 한 채만이 자리한 메르제라는 곳으로, 나는 이러한 확인을 바탕으로 11세기초에 기사이자 동시에 성직자로서 이 지역 농민들에게 일정한 권리를 행사했던 메르제가 성이고 본명이 아샤르인 인물의 행적과 그에 관한 사실들을 묘사할 때 도움을 얻었다. 나는 베르나르, 뚱뚱한 베르나르로 알려진 인물에 대해서는 훨씬 선명한 모습을 떠올릴 수 있었다. 당시 위셀의 언덕을 오르는 모습, 다시 말해 로마군이 과거 통로로 사용한 그 자리에 주변 관망용의 목재 탑을 짓기 위해 그 언덕을 오르는 베르나르의 모습을 떠올려 보았다. 하지만 그 당시 주거 형태와 분포도에 대해 무엇을 확실하게 알 수 있을까? 가족들이 특정 빌라에서 주거한 군집 형태를 표시해 놓은 자료에서 빌라의 이름은 오늘날 촌락이나 마을과 같은 지명으로 나타나고 있었다. 하지만 1000년경에 **빌라**는 정확히 무엇을 의미했을까? 마을을 일컫는 말인가, 아니면 한 영역을 가리키는 말인가? 혹은 산재해 있으면서 때로 거주지를 이동하는 주민들에게 관리가 권위를 행사하는 기초 행정 단위의 회합 장소였을까? 내가 찾아다닌 외떨어진 마을과 촌락은 언제 형성되기 시작했을까? 나는 고고학이 내 의문의 일부를 해결해 줄 것이라 확신했지만, 1945년경 이 지역 인근에 대한 고고학 조사는 철기 시대, 로마 시대의 부르고뉴 지방을 제외하면 그다지 활발히 이루어지지 않았다. 이러한 불확실성을 고려하지 않고 나는 주저없이 밀고 나갔다. 오늘날이라면 난 훨씬 더 신중했을 것이다.

　11,12세기의 자료에서 일반적으로 사람의 이름은 한 단어의 본명으로만 불려졌기 때문에 결과적으로 마을마다 같은 이름을 가진 사람들이 수십 명 되는 경우가 흔했다. 예컨대 고티에와 베르나르·조스랑 같은 이름이 수없이 발견된다. 다른 이름과 구별하기 위해 때로 이름에 별명이 첨가되기도 하지만 별명이 항시 동일하게 나타나고 있지는 않았다. 더욱이 필경사들은 이름이나 별명을 쓸 때 철자법을 제멋대로 변경했을 뿐만 아니라 모든 이름을 라틴어로 표기했다. 이처럼 혼돈스럽게 나타나는 자료들 속에서 내가 어떻게 특정 개인의 사회 신분이나 족보, 혼인 관계를 추적해 나갈 수 있을까? 이러한 상황에서 방법 모색이 쉽지 않았지만 나는 대담하게 뛰어들었다. 우연히 한 사람과 관계 있는 다른 소수의 인물을 찾아내고, 이를 단초삼아 꾸준히 정보의 미궁을 탐색하는 과정에서 노력이 허사로 끝나는 경우도 적지않았다. 하지만 궁극적으로 길이 열려 때로는 가계도 일부가 만들어지기도 하고, 한 가계의 이웃 집단, 친족, 피보호민 집단의 윤곽이 드러나기도 하였다. 차츰 적어도 가장 부유한 집안, 교회에 다수의 친족 구성원을 둔 가계의 경우 남녀의 신원을 밝혀 일단의 가계도를 구성할 수 있을 정도가 되었다. 목록에 나오는 낯선 이름들이 줄어들기 시작했고, 차츰 처음의 혼돈으로부터 벗어나 더 정확하고 뚜렷한 사회의 형상을 도출해 낼 수 있었다. 내가 이 초기 작업에 보인 인내심을 회상해 볼 때 스스로 상당한 자부심을 느끼며, 나의 무모할 정도의 과감함에 대해서는 더더욱 그러하다.

일반명사·동사·부사 등 자료에 등장하는 단어들, 다시 말해 필경사가 특정인의 지위나 토지 상태, 계약 행위 및 각각의 권리와 의무를 규정짓기 위해 사용한 단어들은 어떠한가? 나는 이 용어들의 의미를 이해하기 위해 오래되었으나 매우 유용한 수단을 갖고 있었다. 그것은 뒤 캉주가 18세기에 만든 중세 라틴어 사전으로 베네딕트 교단의 학문적 기념비라 할 만한 것이다. 하지만 실제 내가 수집한 자료의 정확한 의미를 파악하는 더 근본적인 작업을 진전시켜 나가는 순간 나는 가장 정교한 용어 해설집조차 그다지 만족스럽지 못하다는 것을 깨닫게 되었다. 왜냐하면 모두가 차용된 라틴어로 씌어진 단어들은 그 말을 사용한 사람들이 의도한 실제적 내용을 전혀 완벽히 드러내 주지 못했기 때문이다. 또한 종종 동시대인들이 제대로 인지하지 못한 사회의 실제적 관계들 자체가 유동적이어서 용어들의 의미가 다양할 수밖에 없었다. 따라서 한걸음씩 진전시켜 나갈 때마다 나는 멈춰 서서 단어의 의미를 살피고, 자료가 작성된 당시의 맥락과 상황에 견주어 세세히 탐색해야 했다. 실제로 나는 필사실이 다를 경우, 그리고 세대가 바뀔 때마다 어떻게 단어의 뉘앙스가 미묘하게 변하는지에 관해 나름의 감각을 키웠다. 또한 한 마을의 주임사제나 참사회원들이 동일 사물을 지칭할 때조차 동일한 라틴어, 동일한 단어를 사용하지 않았다는 사실을 잊지 말아야 했다.

5
사료 읽기

　나는 여기서 잠시 내가 어떻게 사료를 읽고, 사료를 통해 한 사회 조직의 윤곽을 그려냈는지에 대하여 예를 들어 설명하고자 한다. 내가 선택한 사료는 베르나르와 브뤼엘의 《사료》집 3649번이다. 이 사료는 양피지 끝에 적어 놓은 단순한 메모 조각에 불과하다. 텍스트는 일정한 형식에 따라 씌어진 것이 아니라 자유롭게 직선적으로 씌어진 일급 사료라고 할 수 있다. 그러나 이 사료의 장점은 당시의 특허장이나 구술서에서 거의 찾아볼 수 없는 사회에 대한 역사적 측면을 제공한다는 것이다. 이에 반해 자료의 시기에 대한 단서를 전혀 찾아볼 수 없다는 게 단점이라고 하겠다. 사료의 내용과 어조를 다른 사료들과 비교해 볼 때, 나는 이 사료가 A.D. 1100년경에 씌어졌다고 확신한다. 이 시기에 클뤼니 수도원 소속으로 공동체의 재산을 관리하는 어느 수사는 수도원의 문에 설립된 촌락에서, 그리고 수사들이 직접 지배하고 있는 마콩 언덕의 블라노와 엔이라는 두 지역에서 클뤼니에 사는 사람들이 누구에게 종속되는지를 작성해야 했다. 여기 그 수사가 쓴 단어들을 당시에 그대로 적고 인쇄했던 모습 그대로, 내가 직접 보는 그 모습 그대로 살펴보자.

라틴어 원문, 3649

NOTITIA ALTERCATIONIS PRO HOMINIBUS CLUNIACENSIBUS ET SANCTI VINCENTII MATISCONENSIS IN POTESTATIBUS DE OSANO ET DE BLANOSCO

(Bibl. nat. cop. 36−109)

1090, environ

Primo venit quidam liber homo ad Osanum villam, qui cum ibi in libera voce mansisset, commendavit se senioribus ipsius ville. Contigit ut postea quædam libera femina similiter advenerit, quam predictus homo duxit uxorem, et procreatis infantibus ambo defuncti sunt. De quibus infantibus una femina venit ad Blanoscum, nomine Marchildis, aliis in Ausano remanentibus. Marchildis autem accepit maritum de Blanosco, de quo genuit infantes Guntardum et Gunterium et Ermensindam, matrem Ingelmari; et uta factum est it inter duas istas potestates parentela dividatur.

Quidam homo, nomine Adelelmus, fuit servus Culniaco et accepit uxorem de villa Ausanum, nomine Ausanam. Sed quia de potestate Sancti Vincentii erat, dedit pro ea duo mancipia; postea conquisierunt alodum, quem ipsa Ausana jam vetula vendidit paribus suis de villa Aiona; hereditatem suam quam habebat in Ausana similiter vendidit. Nunc vero filia ejus, cum ei servitium a Cluniaco quereretur, dixit publice quod per occasionem de matre sua transferret se ad potestatem Sancti Vincentii. Hoc legaliter probari potest.

> Rainnaldus tenet jam Albertum et Fredelenum et Teodonum; isti
> sunt de Cluniaco.
> De Aiona Rainaldus etc…….*

나는 '가장 먼저(primo)'(여기서 저자는 그가 찾고 있는 남자와 여자
의 4대 조상까지 거슬러 올라간다; 따라서 저자가 글을 시작하면서 상
기시키는 사실들은 11세기초에 일어난 것이다). '자유 신분의 인간
(liber homo)'(매우 재미있는 표현이다. 나는 '자유(liber)'라는 표현을 매
우 세심하게 여기서 문제삼고 있는 시기와 사회적 차원에서 고려하였
다. 특히 증조부(bisaïeul)의 자유로운 신분은 이 문서에 기록된 모든 것
들이 파생되어 나온 최초의 사실이다). '도착하다(venit)'(도대체 이
quidam은 어디서 온 것일까? 이 문서에서는 그에 대해서 얘기하지 않
으며, 더욱이 이주자의 이름을 부르지도 않는다. 그렇다면 나는 그의 증
손자들이 그 이름을 부를 줄을 몰랐다고 생각해야 할까? 그러나 다시 생
각하던 중에 나 자신도 나의 증조부모들 가운데 세 분의 이름만을 겨우
알 뿐이며, 네 분의 고향은 전혀 알지 못한다는 사실을 깨달았다. 사람들
은 나에게 우리 사회가 너무 유동적이라고 대답할지 모르겠다. 그러나
당시 사회도 현재와 마찬가지였던 것 같다. 여기서 내게 감명을 준 것
은 다름 아닌 농민들의 유동성이었다). '오장(Ozan)의 **빌라**(ad Osanum
villam)'(당대의 수많은 문서들은 나에게 12세기초에 빌라(villa)라는 단
어가 현재 우리가 마을과 마을의 주민들이 경작하는 땅 전체를 가리키
는 말임을 알려 주었다. 손 강의 브레스 강변에 위치한 오장은 클뤼니

---

* 특허장의 나머지 부분은 잘렸다(Le reste de la charte est coupé).

수도원의 재산이 아니라 마콩의 생뱅상 대성당에 속했다). 이 사람은 여기에 '정착하였다(manere)'(라틴어 동사 'manere'는 사실상 안정된 주거지를 의미했다: 이곳에 온 사람은 이 장소에 정착하였고, 그의 방황도 끝이 났다). '자유롭다고(liber)' 소문난(여기서 vox라는 단어가 나의 눈길을 끌었다. 여기서 문제가 된 사람은 도착하면서 다음과 같이 말했다: "나를 보십시오; 나는 여러분들 가운데에 서 있습니다; 나를 받아 주십시오; 그러나 나는 자유롭습니다." 그는 이렇게 큰 소리로 외쳤다. 사람들은 그의 말을 믿었다. 그는 정말 자유로웠을까? 그가 만일 멀리서 왔다면 누가 증명할 수 있을까? 더욱이 증명하는 데에 관심을 가질까? 오장의 사람들은 그에게 주인이 없다고 믿는 것이 유리했다. 그렇지 않다면 그를 되돌려보내야 했을 것이다. 이 당시에 토지는 넘쳐나고 일손은 부족했기 때문에 어디서나 환영받았다). 그렇지만 이민 온 사람이 오랫동안 독립적으로 살 수는 없었다; 그는 자기 자신을 '**위탁**(commender)' 해야 했다. 다시 말하면 스스로 후원자의 보호 속에 들어가야 했다(그리고 나는 이 텍스트의 저자가 동사 commendare를 라틴어로 사용함으로써 기사(chevalier)가 한 영주의 봉신(vassal)이 된다는 사실을 동시에 말하고자 했다는 것을 알게 되었다. 농부이든 전사이든, 당시의 작은 실체 속에서 서로서로를 모으는 아교풀과 같은 인간의 의존 관계는, 겉으로 보기에 동일한 틀 안에 스며 들어갔다. 더욱이 가신(vassalité)에 대한 용어에 속하는 seniores라는 단어는 지금까지 후원자가 없었던 사람이 후원자에게 충성을 서약하기 위해 사용되었다). **빌라**, 다시 말하면 영주들의 권력, 특히 그들의 사법권 아래에 있는 토지를 소유한 이 '지방의 영주들(seigneurs du lieu)'——나는 주저하지 않고 이렇게 번역했는데——은 바로 이어지는 문서에서 밝혀지듯이 마콩의 참사회 신부들, 좀더 정확히 말하자면 참사회 유지를 위해 참사회의 재산 일부를 보수(prébende)로 받는 참사회원들이었다.

그리고 이 텍스트는 잠시 후에 한 여인이 도착하는데, 그도 역시 자유인이라고 주장했다(자, 여기서 전혀 기대하지 않았던 것을 보라: 이주 경향은 단지 남성에게만 국한된 것이 아니었다. 그렇지만 누구도 이 여인이 혼자 자진하여 이주했다고 얘기하지 않는다. 아마도 그녀는 한 이주자의 딸로서, 그 아버지는 결혼 적령기에 다른 이주자에게 딸을 주었을 것이라고 추측한다). 명백한 사실은 다른 이주자가 '타향 사람(aubaine)'을 자신의 적법한 배우자(uxor)로 받아들였다는 것이다 (aubaine라는 용어는 당시에 사용하던 단어이다; advenire 동사에서 나온 단어로 '…에서 오다' '이주하다'라는 뜻이다). 그는 자녀들을 낳은 후에 사망했다. 그는 오장에서 평민으로 정착하여 살았다. 마르실드라고 불리는 딸을 제외한 모두는(그녀는 여기 언급한 가문에서 가장 젊은 사람의 할머니로서, 그녀의 이름은 기억 속에 남아 있다) '블라노에서 온'(다시 한번 여기서 사람들이 자신의 집과 가족을 떠났다고 말하는 딸을 말한다. 아마도 그녀는 그렇게 멀리서 출발한 것은 아닌 것 같다: 오장에서 블라노까지 걸으면 서너 시간 걸린다; 그러나 손 강을 건너야 하는데, 당시에 강은 분명한 국경이었다. 강 건너편으로 가면 조국(patrie)이 바뀌고, 아마도 방언도 바뀐다. 어쨌든 사는 방식이 바뀌어서 어부들의 공동체를 떠나 포도재배농, 나무꾼, 돼지 치는 사람의 공동체로 가는 것을 의미했다) 새로운 주거지에서 이 여인은 '남편을 맞이하였다(reçut un mari),' 이 사회에서 여인은 홀로 남아 있을 수 없었다. 만약에 그녀가 가족과 머물지 않는다면, 혐의나 탐욕으로 의심받지 않으려면 결혼을 통해 다른 가족에 들어가야 한다. 여기서 우리는 그녀의 결혼이 아버지가 이 남자에게 딸을 주기로 이미 결정되었다고 생각해 볼 수 있다. 이 남자는 그녀를 수행하여 자신의 집으로 데려가기 위해 그녀의 아버지 집에 왔을 것이다. 이럴 경우에 이들의 이주는 그다지 놀라운 일이 아니다. 어찌되었건 이 사료는 농촌 사회에 족외혼(exogamie)의 존재를 증명했을 뿐만 아니라, 신랑과 신부가 동일한 사회 집단 출신이라는 동일 집단 결혼(isogamie)이 있다는 사실도 증명했다. 신랑은 실제로 드 블라노라고 불렸다(관사도 여기서는 중요하다. 관사 de의 사용은 신랑이 종속된 사람임을 의미한다. 다른 후원자에게 종속된 사람인데, 왜냐하면 블라노는 장인과 같은 조건으로 클뤼니에게, 오장은 생뱅상 드 마콩에게 절대 복종하기 때문이다). 이 부부는 3명의 자녀를 출생하였는데, 그 딸이 바로 앙주미에의 어머니이다. 신랑은 오장에서 1백여 년 전에 결혼한 무명의 두 이주자의 외가의 후손으로, 아마도 자신의 족보를 암송하고 왜 자신의 혈족이 두 **권력**(potestates)(이 용어는 보통명사로서 단지 '권력(pouvoir)'을 의미하며, 나는 조사하는 과정에서 이 용어의 의미를 점차 명확하게 이해하게 되었다: 1100년경 이 지역에서 서기들(scribes)은 potestates를 일정한 지역에 정착하였거나 이 지역을 지나가는 남자와 여자들, 다시 말하면 사회를 지배하는 핵심 계급 곧 영주 계급에게 적용하는 사법권과 평화권을 지칭하는 용어로 사용하였다)으로 나누어지게 되었는지 설명한 바로 그 사람일 것이다.

텍스트는 동시에 결혼을 야기시킨 또 다른 분화의 경우를 상기시킨다. 여기에 나오는 신랑, 조상은 클뤼니에 살았다. 알롬은 **노예**

(servus; 세르부스)로 불리고 있다. 그렇다면 노예란 말인가? 나는 이 용어에 주목하였지만, 용어의 의미를 두고는 망설였다. 그러나 글의 맥락을 살펴보면 세르부스라는 단어가 **리베르**와 대립되는 개념이라는 사실에 주목하게 된다. 나는 이 지역의 마을과 부락의 주민들——이들 모두는 한 지역 영주의 신민들이다——사이에서 적어도 두 가지 인적 조건을 구별할 수 있었다. 텍스트의 첫부분에서 언급한 블라노의 농민은 마르실드의 남편으로서, 그도 역시 수도원에 종속된 사람이었다. 그러나 그의 예속은 다른 성격의 예속으로 **세르비**(servi)에 분류될 수 없으며, 텍스트의 저자인 수도사도 이를 잊지 않고 기록했다. 알롬이라는 독신자는 한 부르(bourg: 읍)에서 사는 것보다 더욱 옹색하게——아마도 출생 때문일 것이다. 왜냐하면 **세르부스**(servus)라는 단어는 상속에 의한 종속 관계라는 개념을 수반하기 때문이다——살아야 했는데, 이 부르는 도시화 직전의 구조로 인해 당시 사람들의 생각에서 촌락(villages)이나 부락(hameaux)과는 확연하게 구별되는 마을 가운데 하나였다. 부르는 동시에 다른 단어 부르주아(bourgeois)를 연상시키고, 역사가의 마음에는 즉각적으로 자유와 독립의 이미지를 떠올린다. 그러나 마르크 블로크가 말했듯이 사회는 기하학적 도형이 아니다. 텍스트는 우리에게 누가 부르 주민에 대해서 예속(servitude)을 가리키는 단어를 사용했으며, 누가 블라노 혹은 오장의 촌락 주민들에 대하여 예속을 가리키는 단어를 사용하지 않았는지를 상기시켜 준다. 오장에서 이 노예는 아내를 구하러 갔다. 오장이라는 장소가 다시 등장한 것은 우연인가? 아니면 알롬의 귀환은 족외혼 환경에서 결혼 계약이 시작했다는 우리가 전혀 알지 못하는 교환 관계와 친족 관계를 암시하는 것인가? 남자가 맞이한 여

자는 출생지의 영주인 생뱅상, 다시 말해 성당의 수호성인이며, 보이지 않지만 실제 권력을 지닌 인물에게 속했다. 여자는 결혼하기 전에 먼저 자신의 속박에서 벗어나야 했다. 생뱅상은 그녀를 주지 않았다. 생뱅상은 그녀가 결혼하게 되면 그녀를 잃어버리기 때문에 그녀를 팔았다. 그녀는 영주가 실질적으로 권위를 행사하는 **권력**(potestas) 또는 영토에서 벗어나기 때문에, 그녀는 영주에게 속하지만 영주에게 더 이상 실제적으로 봉사하지 않게 되었다. 법은 예속민의 딸이 아버지에 의해 먼 지역에서 온 남편과 결혼할 때마다 주인이 보상받는 것을 허락하였다. 그 결과 예속민의 딸은 알롬이 세금을 지불했기 때문에 영지를 떠날 수 있었다. 알롬은 여자와 결혼하는 혼인세 명목으로 2 **망키피아**(mancipia)를 제공하였다. 망키피아라는 단어가 나를 괴롭힌다. 노예를 언급했다는 사실에는 의심의 여지가 없다. 그런데 일반 예속민 여성 1명이 2명의 여자 노예 값어치가 있었을까? 노예인 알롬이 다른 노예들을 소유할 수 있었을까? 아니면 알롬의 주인이 알롬을 결혼시키기 위해 노예를 제공하였을까? 나는 이러한 사실들을 받아들이기가 어려웠다. 텍스트에서 결함이 나타났지만 나는 이를 어떻게 해결할지 몰랐다. 이 결함은 혹시 원본을 필사하는 과정에서 생긴 잘못은 아니었을까? 내가 읽은 텍스트는 《클뤼니 수도원 특허장 선집》에 있는 인쇄물로 1770년과 1790년 사이에 랑베르 드 바리브가 만든 복사본이었다. 루이 16세의 장관인 베르탕의 명령에 따라 모로위원회는 국립도서관에서 고대 프랑스법의 기원을 수집하는 임무를 맡았다. 클뤼니 수도원에서 원문을 수집하는 작업은 오탕의 변호사인 랑베르에게 위임했고, 그는 훌륭하게 임무를 수행하였다. 그러나 랑베르는 양피지 안의 구멍 속에 빠지고, 잘못된 철자법에 좌절하고, 약자(略字)에 발이 묶였을 것이다. 검증은 불가능했다. 왜냐하면 그가 직접 눈으로 확인했던 사료들은 클뤼니 고문서보관소가 분산되고 파손되었을 때 사라졌기 때문이다. 결함은 영원히 채워지지 않은 채 남아 있을 것이다.

텍스트의 나머지 부분은 장원의 신민들의 토지에 대한 권리 문제를 다루고 있다. 알롬과 그의 배우자는 함께 모든 종속으로부터 자유로운 토지 재산인 '자유지(alleu)'를 매입하였다. 인생 말년에 아마도 과부였을 것으로 추정되는 오잔(Ozanne; 오장 출신 여자)은 클뤼니 수도원이 소유한 엔(Aine)의 토지에 살고 있는 그녀와 동일한 조건의 사람들인 '그녀의 동료들'에게 이 토지를 팔았다. 오장의 부모로부터 온——생뱅생의 소유지였던——그녀의 유산이 있었는데, 그녀는 이 재산도 역시 팔았다. 따라서 이 여인은 재산을 자유롭게 처분하였고, 나는 다시 한번 내가 안다고 믿었던 것에 대해 흔들렸다. 만약 우리가 알롬의 신분을 알려 주는 세르부스라는 용어의 의미를 극대화하여 이해한다면, 실제로 그녀의 남편인 알롬은 클뤼니의 몸체와 재산에 속했다. 그런데 클뤼니가 알롬이 아내와 함께 획득한 재산에 대해 권리를 행사했다고 아무도 생각하지 못한다. 또한 아내의 사람에 대해서도 마찬가지였다. 알롬의 아내는 결혼으로 인해 수도사들의 지배에 놓이지는 않았다. 이 점은 완벽하게 분명하다: '봉사(service),' 다시 말해서 복종을 표현하는 일체의 의식적 동작과 의무들, 그리고 예속뿐만 아니라 콤만디세(commendise; 영주에게 자신을 바치는 선물)에서 비롯된 일체의 의식적 동작과 의무들이 클뤼니 촌락의 행정관에 의해 알롬의 딸에게 요구되었다. 클뤼니에서 오잔은 아마도 '노예 아버지'에게서 태어났으며, 그리고 아마도 아직 클뤼니에 거주하고 있었는데, 오잔은 '공적으로'(이 용어는 강한 표현이다: 이 용어는 공적인 것과 사적인 것의 구별이 전혀 사라지지 않았으며, 문제 의 인물은 '자유로운' 신분이었음을 말해 준다. 왜냐하면 오직 자유로 운 사람들만이 공적 법정에 나타났으며, 노예들은 영주에 의한 사적 법 정에서 재판받았기 때문이다) 말했다. 오잔은 따라서 '그녀의 어머니 의 조건에 따라' 클뤼니 수도원의 수호성인이고 영주인 베드로 성인 의 권력에서 벗어났으며, 멀리 떨어져 있어서 덜 부담스러운 오장의 영주인 생뱅상의 권력 밑으로 스스로 들어갔다. 텍스트에 따르면 이 것은 '법'에 의해 증명되었다.

이어서 나오는 절단된 문단은 유감스럽게도 아무것도 더 보태 주 는 것이 없다. 적어도 나는 텍스트에서 말하듯 '평민(manants),' 신민 들의 신분, 그리고 영주권에 대한 상당한 양의 정보들을 수집하였다: 나는 농민에 대한 두 개의 족보를 가지고 있었다. 이 족보는 짧고 미 완임에도 불구하고 희귀하기 때문에 매우 소중한 것이었다; 나는 일 반적으로 정적이며 틀 속에 깊이 파묻혀 있고 흙에 집착하는 것으로 알려진 농촌 사회의 유동성을 전혀 의심하지 않았다. 여기서 보듯이 농촌 사회는 실제로 11세기에 이주, 족외혼, 그리고 재화의 구입과 판매로 인해 동요하고 있었다; 마지막으로 놀라운 것은 여성들은 이 러한 권리들을 즐겼을 뿐만 아니라 놀라울 정도로 행동의 자유도 즐 겼다는 점이다. 이 한 편의 사료만 읽어도 수많은 질문이 쏟아져 나 온다. 예를 들어 신분·유산·주인에 대한 의무가 영주제 안에서 세 대를 이어 가면서 어떻게 전해졌는지에 대해 수많은 질문이 나온다.

방금 내가 언급한 유동성으로 인해 발생한 영주와 신민 사이에 혼란
이 어떻게 생겨났는지에 대해서도 마찬가지이다. 법만큼이나 엄격하
고 가장 강력한 권력자조차도 복종했던 관습법의 규율들을 놀라울
정도로 잘 지켰던 재판 과정에 대해서도 수많은 질문이 제기된다. 또
한 알 수 없는 상당한 부분도 존재하였다: 당시에 어떤 사람에게 세
르부스라는 용어를 사용하였는지를 어떤 증거를 통해 발견하였는지
에 대한 것이다. 세르부스라는 아주 오래된 라틴어 용어는——오늘
날의 언어로 어떻게 번역할 수 있을까?——누구나 '자유'롭다고 인
정한 이웃과 구별하기 위해서, 이 용어로 불리는 사람에게는 예속과
수치를 불러일으켰다는 것을 어떤 증거를 통해 발견하였을까? 나는
좀더 멀리 나아가서 다른 증거들을 찾아내고, 내가 지금처럼 조심스
럽게 읽어내는 중에 갈겨썼던 모든 메모들을 다시 살펴봐야 한다는
생각을 했다.

*
* *

　왜냐하면 내가 사용하는 도구는 12세기에 베네딕트 수도회 수사들
이 사용하던 도구(펜·확대경·메모 카드)와 전혀 다르지 않았기 때
문이다. 더 이상 정확히 기억나지 않지만 2년에서 3년 동안, 나는 여
러 상자들 속에 약 1만2천여 개의 작은 직사각형의 메모 카드들을 축
적하였다. 나는 종종 몇몇 메모 카드들을 끄집어 내어 마치 기상천
외한 성공을 바라는 것처럼 책상 위에 펼쳐 놓았다. 이 메모 카드들
을 대조하면서 어떤 계시가 나타나기를 기다리면서. 이러한 의미의
탐구는 매력적인 놀이로서 탐구, 가택 수색, 심지어 점의 매력과도

비슷하며, 나는 사람들이 의미를 포착하는 데 빨려들어가는 것을 이해한다. 그럼에도 불구하고 나에게 이러한 의미 탐구는 싫증나는 작업이었다. 가끔씩 잠깐 동안 만족을 주어 나의 고통을 위로해 주기도 하였다: 나는 여기저기에 흩어진 20여 개의 메모 카드들이 갑자기 모아져서 퍼즐판에 한번에 맞춰지는 것을 경험했다. 그러나 수많은 주저함과 실수도 있었다. 웨스트팔리아의 뮌스터 연구 집단이 나의 가장 중요한 양어장인 《클뤼니 수도원 특허장 선집》을 **컴퓨터**로 분석하기 시작하면서 나의 수많은 주저함과 실수들이 드러났다. 나는 카롤린 부샤나 바바라 로젠바인 같은 역사가들이 뮌스터 집단의 새 자료를 이용한 저작을 읽으면서, 내가 저질렀던 큰 실수들 때문에 얼굴을 붉혀야 했다.

10년에서 12년 전부터——그리고 그것은 행복한 일이다——기술의 엄청난 발전으로 엄청난 자료의 분류를 위해 기게(컴퓨터)를 사용하는 것이 프랑스 중세사가들 사이에 확산되었다. 중세사가들 가운데 4분의 3 이상이 오늘날에는 없다면 이상하다고 여겼을 장비를 구입하였다고 들었다. 1천5백 쪽에 달하는 박사 논문을 두 손가락으로 타이핑해서 완성하면서 갖게 된 키보드 사용에 대한 두려움 때문에 나는 중세사가들의 새로운 경향을 따르지 않았다. 그리하여 나는 컴퓨터 이전 시대에 속하는 완고한 유럽 역사가의 마지막 대열에 끼이게 되었다. 그렇다고 해서 내가 컴퓨터가 가져온 엄청난 이득을 의심하는 것은 아니다. 컴퓨터는 항상 대답할 준비가 되어 있는 확실하고 선별된 놀라운 메모 카드함이며, 기억의 창고이다. 그러나 컴퓨터는 메모 카드함에 불과하다. 위험은 컴퓨터로부터 훨씬 많은 것을 기대하는 데서 비롯되며, 특히 컴퓨터에서 획득한 외형적인 과학에 역사가들 자신을 맡겨 버리는 데서 비롯된다. 컴퓨터는 분류하고, 분할하고, 통계를 낸다. 앨프레드 소비는 우리에게 다음과 같이 경고한 바 있다: "우리가 계산하면 할수록 우리는 잘못 계산한다. 왜냐하면 우리는 모든 것을 계산하지 않기 때문이다." 우리가 텍스트의 파편들 속에서 발견한 단어만을 계산하는 우리 중세사가들이 어떻게 모든 것을 계산하겠는가? 내가 컴퓨터를 사용했다면 분명히 나의 작업 속도를 전부 바꿔 놓았을 것이다. 아마도 나는 좀더 빨리 할 수 있을 것이고, 준비 작업에서 더욱 확실하게 빨리 할 수 있다. 그러나 이러한 도정을 완성했다고 해도 나는 여전히 똑같은 질문들을 발견할 것이고, 다시 텍스트로 돌아가서 이 질문들에 답해야 할 것이다. 컴퓨터의 파편화된 정보들을 한쪽으로 밀어 넣고, 텍스트의 의도와 의미의 전후 연결성 안에서 읽고 또 읽어서 질문들에 답해야 할 것이다. 왜냐하면 이렇게 텍스트를 읽어가는 중에야 비로소 가장 놀라운 컴퓨터의 구조보다 더욱 섬세한 구조——불가피하고 필수적으로 마법적인 상상력의 구조——가 나타나기 때문이다.

6

건 축

이와 같이 매일매일 한장 한장 자료들은 다듬어졌다. 나는 때를 닦아내고, 잘라내고, 다시 잘라내어 세심하게 파편들의 조립을 준비하였다. 나는——아마도 1948년인 것 같은데——드디어 조립을 시작할 수 있었다. 미슐레가 말했다: "역사상의 삶을 재발견하기 위해서는 역사의 모든 길과 모든 형태, 모든 요소들을 인내심을 가지고 따라가야 한다." 나는 그렇게 하려고 노력했다. 나는 봉토, 황무지 개간, 사법 등에 대한 독서 카드를 가지고 있었다. 미슐레는 덧붙여 말했다: "그러나 또한 좀더 커다란 열망을 가지고, 삶 자체가 되는 강력한 운동 속에서 여러 힘들의 상호 작용들, 이 모든 것들의 작용을 다시 만들고 다시 정립해야 한다." 나는 이러한 종합을 시도해야만 했고, 따라서 나는 역사가라는 직업이 무엇인가에 대해 진정으로 인식하게 되었다. 나는 기묘한 변환이 작용하는 것을 목격했다. 그 변화는 연금술 같은 것으로 최초의 막연한 개요보다 확고한 윤곽을 만들어 내고, 거기에 수많은 책과 자료를 조사하여 뽑아낸 셀 수 없이 많은 지식의 단편들이 병치·혼합·중복을 통해 조금씩 색깔과 본 내용이 더해져 가는 것이었다. 나는 고백한다: 나의 작업의 두번째 단계는 나에게 덜 명확해 보인다. 사실 첫번째 단계는 미슐레가 얘기했듯이 명료함보다는 '열정'을 요구하였다. 그렇지만 두번째 단계가 단지 형태를 갖추는 문제가 되면서부터, 나는 자료들을 검토하면서 훨씬 마음 편하게 느꼈던 것을 기억한다. 이전에 말했듯이 대학은 박식의 기술보다는 수사학·변증법의 연습을 더 잘 가르쳐 주었다. 내가 대학교수자격시험을 준비하던 해에, 나의 스승이신 레옹 오모·데니오·앙리 이레네 마루는 무엇보다 나에게 명확한 증거를 만드는 것, 그리고 그 계획을 세우는 것을 돕는 모든 방법들을 가르쳐 주었다. 단어들을 조합하는 작업에서는 스탕달·볼테르·생시몽·샤토브리앙과 같은 작가들의 작품을 주도면밀하게 독서한 것이 큰 도움이 되었다. 나는 대단히 열심인 독서가였고, 책의 내용뿐 아니라 책이 이야기하는 방식까지 음미하는 기질을 갖고 있었다.

나는 뼈대를 조심스럽게 세우는 것부터 시작했다. 처음에 뼈대는 가벼운 더미에 불과했지만, 뼈대 전체는 앞으로 세워질 건물의 형태를 띠고 있었다. 왜냐하면 대다수의 화가들이 작품을 시작하기 전에 캔버스 전체를 칠하는 것처럼, 나는 단번에 건물의 전체 모습을 보여주고 건물의 주요 부분을 설치할 필요가 있기 때문이다. 이 작업을 마친 후에 나는 최초의 씨실을 조금씩 견고하게 하고, 매번 건물 기둥 사이의 간격을 줄였다. 나는 논쟁이나 새로운 생각이 글의 논리적 전개 과정에서 제자리를 찾는 치밀한 마포를 만들 때까지 세세한 부분에 파고들었다. 건물 뼈대가 이제 장식물들을 적절하게 지탱할 정도로 견고해 보이자 나는 글쓰기에 전념했다. 나는 잡동사니의 조각들이나 그보다는 오히려 미스 반 데르로(Mies van der Rohe)에 있는 건축물 위의 철근 대들보에 걸어 놓은 유리 간판들처럼 여러 구성 요소들을 배열했다. 이러한 마무리 작업은 가장 미묘한 작업이다. 나는 매우 까다로운 사람이다. 나는 중간 단계에서 활기가 넘쳤던 만큼 마지막 단계에서 괴로워했다. 나의 작업은 처음에 불확실함과 고뇌 속에서 시작했던 것처럼 불확실함과 고뇌 속에 끝마쳤다.

**

들라크루아는 1850년 4월 5일 일기에서 다음과 같이 썼다: "역사가의 작업은 나에게 가장 어려워 보인다. 역사가는 한꺼번에 수천 개의 사물에 집중해야 하며, 인용 구절들, 정확한 통계들, 그리고 상대적으로 미약한 위치만을 차지하는 사실들을 자세히 설명함으로써 이야기에 '생기'를 불어넣어 주는 따스함을 어느 정도 유지해야 하기 때문이다." 나도 생기가 필수적인 데 반하여 사실들은 상대적이라는 들라크루아와 같은 생각이다. 그 결과 역사가가 '간직하지 못하는 열정'(열정은 역사가가 검토한 흔적들을 완전하게 사라지게 만든다)과 생기를 재현시키기 위해 역사가는 끊임없이 노력해야 한다. 이것이 바로 역사가의 작업이다. 무엇보다 루시앵 페브르와 마르크 블로크의 역사이며, 데니오의 역사였던 새로운 역사, 다시 말해 이제 내가 쓰기를 원하는 역사는 자신의 임무를 부여하였다. 이러한 견해는 사실뿐만 아니라 실증주의의 지극히 거룩한 객관성을 상대화시키는 것이다. 분명히 정보제공자를 인터뷰하는 인류학자처럼 역사가는 사료들을 검토할 때 자신이 할 수 있는 한 중립적인 관점을 취하도록 요구받는다. 역사가는 결코 중립적인 관점에 완전하게 도달할 수는 없다. 내가 앞에서 특정한 사료를 어떻게 읽었는지 검토한 것만으로도 중립적인 관점에 완전히 도달할 수 없다는 충분한 증거가 될 것이다. 내가 클뤼니 문서를 분석할 때 나의 머릿속은 미리 짠 생각들로 가득 차 있었다. 나보다 앞선 선배 연구자들과 동료들의 연구를 통해서 나는 이미 일련의 질문들의 목록을 작성하였고, 개요를 만들어 계획에 따라 연구하고 있었다. 나는 수집한 사료들의 상당히 많은 부분에서 이러한 방법에 의존하였다: 실제로 우리가 찾고자 했던 것들을 사료에서 우선 찾아냈다. 이것이 왜 역사가 끊임없이 새로워지는지를 설명해 준다. 고고학자들과 함께 직접 땅을 파헤치러 가지 않는 한, 또는 상상하지도 않았던 유물의 광맥을 우연히 발견하지 않는 한, 중세학자들이 프랑스의 기록보존소와 도서관에서 지금까지 어느 학자도 연구하지 않았던 새로운 사료를 발견할 수 있는 가능성은 거의 없다. 그렇지만 연구는 늘 계속되어 왔고, 그것도 아주 풍부하게 연구되었다. 왜냐하면 역사가들은 무기력한 검사관이 아니며, 똑같은 사료도 끊임없이 새롭게 만든 질문들에 따라 새로운 시각으로 읽기 때문이다. 의외로 발견한 것의 대부분은 역사가로 하여금 일반적인 길과 자신의 성격에서 멀어지도록 한 상상력에서 비롯되었다. 발견은 실증주의적인 엄격한 도덕성이 약화될 때 발생한다.

그렇다고 해서 역사가들이 도덕성을 포기했다고 생각해서는 안 된다. 역사가의 직업에 존엄성을 주는 것이 바로 도덕성이기 때문이다. 자료들을 취급할 때 나는 도덕을 조심스럽게 적용하여 교훈들을 이끌어 내곤 했다. 나는 이 교훈들을 변질시키지 않기 위해 증언들을 검토하고 정제하는 데 온 힘을 쏟았다. 나는 증언들을 전체 맥락에서 어느것 하나 버리지 않고 각각의 위치에 놓기 위해 노력하였다. 나는 흩어진 조각난 정보들을 이미 선입견을 가지고 생각한 것과 일치시키려는 유혹을 강하게 받곤 하였지만 최소한의 생략, 최소한의 손질도 결코 하지 않았다. 나는 파편화된 자료들을 결합하면서 곧바로 나의 정보가 얼마나 불완전하고 사소하며 불공평한지를 깨닫게 되었다. 나는 자료들을 모두 모아 구조 속에서 빈 공간으로 남을지 모르는 부분들을 메우기 위해서는 결국 일정한 구조를 만들어서 연결하는 것 외에는 다른 선택의 여지가 없다는 사실을 깨달았다. 바로 그때 나는 건설 현장의 사무소장이 되어 현장에 있는 듯한 독립심을 느꼈다. 비록 역사가의 윤리가 내 감정을 억제하도록 요구한다고 해도, 그 윤리가 내 이성이 확실히 통제되는 한 내 문화적 배경과 상상력을 이용할 권리를 정당하게 부인할 수는 없었다.

만일 내가 나 자신을 사건들에 한정시켰다면, 다시 말해 내가 오랜 음모들과 '작은 진실한 사실들'을 모아 재구성하는 데 만족했다면, 나는 과학적 방법으로 진실에 도달할 수 있다고 생각했던 1백 년 전의 실증주의 역사가들과 낙관론을 공유할 수 있었을 것이다. 실상 나는 내 수중의 문서들로 사실을 보여줄 수는 있다. 두 군대가 (7월 26일 혹은 7월 28일이 아닌) 1214년 7월 27일에 부빈 평원에서 충돌했고, 그날은 매우 더웠으며, 추수는 아직 시작하지 않았다. 그리고 마차 속의 죄수 르노 다마르탱은 전장에서 사로잡혔다. 이 모든 것은 의심의 여지가 없는 사실이다. 그러나 중세 사회를 연구하는 역사가라면 호기심을 그런 세부 내용에 한정시키지 않을 것이다. 만일 전쟁에 참여한 이들에게 전투와 전쟁·평화, 그리고 영광이 어떤 의미가 있는지 이해하고자 한다면, 독자에게 '사실들'을 보여주는 것으로는 불충분하다. 나는 기사들의 눈을 통해 봐야 하고, 그림자에 불과한 이들과 나를 동일시해야 한다. 그리고 그런 상상력의 결합과 새로운 활력을 주려는 노력은 흔히 말하는 '내 자신 일부가 그 속으로 들어가는 것'을 요구한다. 주관적인 생각인데, 오늘날 역사학은 가공의 총체적 객관성을 찾는 연구를 포기했는데, 이는 역사가 지금 잠시 범람한 부조리의 물결에 압도되어서가 아니라 두 가지 주요한 이유 때문이다. 신사학이 사건에 관심을 갖게 되었을 때, 신사학은 옛날의 사학과는 다른 각도에서 사건을 바라보았다. 신사학은 사건이 불거져 나오고 차례로 휘저어 풍파를 일으킨 심원에 주목했다. 그 심원은 당연히 모호하고 정확한 윤곽이 없다. 그러므로 신사학은 전체를 총체적으로 다루고, 그 관심의 영역을 무한대로 확장시키려는 경향이 있다. 그리고 미셸 세르가 우리에게 경고했듯이 그 경향은 정확한 과학이 되고자 하는 이유 때문에, 더 나아가서 신사학은 체제 안에서의 구조적 변화에 관심이 있기 때문에 사건들같이 존재하는 그런 종류의 단순한 인과 관계를 확인할 수 없다. 폭넓고 유연한 흐름은 어떤 불명료한 상태에서 구조적 변화를 야기하도록 체제의 심원을 뒤흔들어 놓았다. 그 흐름은 미슐레가 말한 일종의 '상호 작용'의 결과이며, 시간적 윤곽이 모호하게 남아 있는 불완전하게 정의된 현상 가운데 간헐적으로 뒤얽힌 상호 관계의 결과이다. 역사가의 관점이 새로운 목표로 전환했기 때문에 역사적 진실에 대한 개념이 변화했다: 오늘날 역사는 사실들보다는 오히려 관계들에 더 관심이 있다. 내가 우연히 1989년 5월 25일자 《르 몽드》지를 읽었을 때,

그날의 추문에 대한 기사 중 어떤 문장에 크게 놀랐다(소위 페치니 사건(Pechiney Affair)을 기억하는 사람은 거의 없는데, 그 사실 자체는 피상적인 사건의 무가치를 증명한다). "경찰은 사실을 찾으려 했지만 관계들만을 밝혀냈다." 그리고 물론 그들은 자기 올가미에 걸려들었다: 그들의 익숙한 방법은 더 이상 그 직무에 적당치 않았다. 그들은 곤경에 빠져 수단을 찾기 위해 직감에 의존해야 했다.

나는 논문의 구조를 설정하는 작업을 하면서 나 역시도 상반되는 해석 중에서 선택할 때, 확신보다는 막연한 느낌에 의존해야 한다는 걸 깨닫는 데 그리 오래 걸리지 않았다. 나는 두 개의 가능한 선택에 직면했던 어느 날을 똑똑히 기억한다. 나는 당시 예속의 문제, 다시 말해 농부의 종속에 대해 연구하고 있었고, 농부 노역이라는 굴레의 진화를 11세기 사회 전반에 영향을 미친 변화와 연관지으려 애쓰고 있었다. 내 기록은 두 가지 방법에 똑같이 설득력 있는 이유를 제공했다. 두 가지 해석은 살짝 분리되었으나 확실히 나누어져 있었다. 나는 사소한 것이라도 어느 한쪽의 균형을 건드릴 수 있을 만한 새로운 논쟁거리를 찾아 오래 머뭇거렸다. 결국 나는 선택했다. 그건 정말 우연이었을까? 그 결정은 신중했고, 내가 선택한 경로가 나의 구조 전반에 모순되지 않는다고 드러남으로써 사실로서 의심의 여지없이 정당화되었다. 훗날 알게 되었지만 나머지 다른 선택은 막다른 골목에서 끝나게 되어 있었다. 만일 내가 잘못된 선택을 했더라면, 애초 보잘것없는 그 선택은 결국 체계 전반을 망쳐 놓았을 것이다. 사실상 나는 가설 위에 가설을 세움으로써 체계를 세웠다. 처음엔 시작 모델을, 다음에 두번째 모델을 그 위에 겹쳐 놓았고, 다음에 다른 것을 그리고 또 다른 것을 포갰다. 결국 내가 구조 전체를 두둔하면서 어떻게 무마할 구조적 결점을 찾을 수 있었겠는가?

내 건축물의 설계도가 완성되어 가고 개별적으로 연구했던 다양한 '요소'의 '상호 작용을 복구하는 것'에 일단 착수하자, 나는 역사가가 자신의 자유를 활용해야 한다는 사실을 깨달았다. 물론 그것은 위험이 따랐지만 여전히 선택의 여지는 없었다. 그러므로 역사가의 일이란 과거의 흩어진 자취에 대한 한 개인의 자유로운 반응이라는 접근에 지나지 않는다. 물론 나는 여전히 계획 단계에 있었고, 실행에 있어서는 이성과 논리——균형 감각과 가치 감각——가 가장 중요했다. 적어도 내 경우엔 집필 단계에서 내 감각이 가장 중요하고, 아마도 진실로부터 벗어날 수 있는 위험성이 적지 않았을까? 나는 문서에서 발견한 것을 단순히 보고하고, 단순한 회고나 내 탐구의 조사 결과를 전달하려는 의도는 없었다. 나는 생명이 없는 문서들을 가려냈을 때의 바로 그 감정을 독자들과 공유하고 싶었고, 오랫동안 침묵을 지켜온 목소리를 들었다고 생각했다.

앙리 구이에는 역사가의 임무를 무대감독의 일과 비교했다. 일단 무대가 준비되어 배경이 설치되고 대본을 손에 넣으면, 감독의 일은 공연을 하는 것으로 대본에 생기를 불어넣고 관객에게 그 활기를 전달하는 것이다. 비극의 원본을 읽고 공연을 관람하는 사람은 누구나 알고 있듯이 생기를 전달하는 것은 결코 평범한 재주가 아니다. 역사가도 감독과 똑같은 매개 역할을 한다: 글을 통해서 온기와 정열, 그리고 생기 그 자체를 전달해 주어야 한다. 실수해서는 안 된다: 역사가의 사명은 그 자신의 생기를 서서히 불어넣는 것이다. 감각이 예민한 역사가일수록 성공할 가능성이 높다. 그는 그의 열정을 자제해야 하지만 지나치게 억제해서는 안 된다. 때때로 그가 스스로에게 무아지경을 허용하면 그가 실행하는 모든 것이 이득이 된다. 열정은 진실의 적이 아니고, 진실에 더욱 가까이 접근할 수 있는 기회이다. 나는 건조하고 감동이 없는 역사보다 정열적인 역사를 좋아한다. 그리고 아마 확실히 열정이 남아 있는 역사가 열정을 모두 짜내 버린 역사보다 진실할 것이다.

**

얼마 전부터 이 책에서 '나는'이라는 단어를 사용하게 되었다. 이것이 내가 독자들에게 이야기하는 방식이다. 나는 진실을 알리려고 주장하지 않고, 단지 독자 앞에서 가능한 솔직하게 스스로 구성한 진실의 이미지를 제안할 뿐이다. 그 이미지의 대부분은 나 자신의 상상력의 결실이다. 그럼에도 불구하고 나는 재빨리 사라지는 상상력의 잔재가 쇠고리에 단단히 붙어 있도록 애썼다. 그 쇠고리는 내가 학자의 윤리가 요구하는 바에 따라 꼼꼼하게 배열하고, 튼튼한지 주의해서 검사하고, 어떤 것도 무시하거나 조작하지 않는 것이다. 그 '쇠고리들'은 물론 문서들, 다시 말해 내 '증거들'이다.

7

박사학위 논문

문학박사학위를 취득하기 위해서는 의례적으로 연단 위에 좌정한 5,6명의 심사위원 앞에 출석하여 자신의 논문을 변호해야 한다. 두서너 권의 두꺼운 책을 자신 앞의 소탁자에 놓고 앉아 논문의 내용을 간략하게 요약하고, 심사위원의 아연실색케 하는 질문에 노심초사하는 마음으로 재치 있고 간략하게 답변해야 한다. 그런 다음에 이날 심사석에 선 젊은이를 논박하는 재미를 느끼며 후보에게 도움을 주기보다는 그들이 통독한 텍스트의 오류를 찾아내려 애쓰고, 이를 바탕으로 후보를 신랄하게 통박하며, 내용상의 오류를 발견하지 못할 경우 형식에 대한 비판을 늘어놓거나 참고 문헌의 빠진 부분을 지적하려 하는 심사위원들의 말을 차례로 듣는다. 그리고 마침내 늦은 오후 끝날 것 같지 않던 심사도 막바지에 이르고 피곤에 지쳐 눈이 흐릿해진 심사위원들이 후보를 박사로 선언하고, 그런 다음 그를 자신들의 동료로 받아들이며 건배할 것을 제안한다. 논문 심사는 자신의 걸작품을 제시한 '견습생'이 '장인들' 사이에서 종국적으로 인정받는 상당히 잔혹한 통과의례와도 같다. 나는 중세의 길드에서 사용한 용어를 그대로 사용하였는데, 왜냐하면 그러한 관습이 오늘날 대학이라는 현저히 보수적이고 틀에 박힌 상아탑 속에 잘 보존되어 있기 때문이다.

박사학위 논문은 1968년에 심각한 비판의 대상이 되었는데, 여기에는 그럴 만한 이유가 있었다. 학위 논문 준비를 위해서는 한동안 홀로 칩거하며 옆길로 새지 않고 기진맥진할 정도에 이르기까지 작업에 천착해 나가야 한다. 그것은 상당 기간에 걸쳐 집중력을 요하는 작업이다. 내 경우 그나마 7년 만에 끝낼 수 있었던 것은, 내가 이미 조교 자리에 있었고 자애로운 나의 스승이 전혀 나를 힘겨운 일로 압박하지 않았기 때문이다. 그런데 나의 젊은 시절에 상당히 유용했던 이 직함이 1968년에는 더 이상 제 기능을 하지 못하게 되었고, 그것이 대학 위기의 가장 결정적 요인 중 하나로 작용하였다. 지금은 조교라 해도 교수로 자동 승급되지 않는다. 현재 국가의 박사학위가 갖는 기능은 무엇인가? 나는 이 제도를 활용하지 않은 사람들을 찬탄해 마지않는다. 예전에 박사학위 논문이 갖는 미덕은 자명하였다. 그것이 요구하는 의지와 인고의 노력이 그 무엇보다 값진 것이었다. 내 경우를 들어 보자. 내가 1951년에 작성을 마치고 이듬해 소르본 대학에서 변론할 예정이었던 논문은 비교적 짧지만 지금껏 저술한 어느 책보다도 인내와 심혈을 기울여 정교히 작성한 것으로서, 내가 이후에 쓰게 될 모든 내용을 함축적으로 담고 있었다.

나는 심사위원들에게 상당히 단순한 논거 틀을 제시하였다. 내가 보기에 클뤼니 수도원의 문서를 접한 첫 순간부터 문서의 성격이

980년부터 1030년 사이에 급격히 변화한 것이 분명해 보였다. 예전 서식의 거부, 필경사가 주저한 흔적, 새로운 방식으로 필사해 보려는 노력은 분명 약간 뒤처지긴 했지만 사회 관계의 심원한 변화를 선행적으로 보여주는 것이 아닐까? 이러한 가설에서 출발한 나는 자료 서식상의 변화가 무엇과 상응하는지를 발견하고 설명하려는 욕구를 갖게 되었다. 당시 다른 역사가들과 마찬가지로 나도 자연스레 경제적 측면에서 이 작업을 행할 수 있을 것으로 믿었다. 그런데 경제 분야에서는 서식상의 변화가 나타난 연대 기간에 걸쳐 민감하게 변화한 흔적을 거의 찾아볼 수 없었다. 사실 경제 현상에 관해 지침이 될 만한 사료는 드물었지만, 자료의 희소성 자체가 반드시 이러한 변화의 가능성을 부정한다고 볼 수는 없었다. 여하튼 화폐·상업에 관한 사료는 전무하고, 농업 생산 관리에 관한 사료도 희귀하였다. 문서의 서식 변화에서 유추되는 사회 체제의 급변 현상을 생산과 교환 양식의 전환과 관련지어 줄 만한 흔적을 전혀 발견할 수 없었다. 나는 서기 1000년부터 클뤼니 수도원의 입구에 자리한 부르의 존재를 발견했다. 농촌 지역뿐 아니라 마콩 백작령 내 중심 영역, 백작의 성채 주변, 강가, 성당 참사회, 유대인 거리와 같은 새로운 구역들에서도 화폐 도구의 다양성, 대장장이의 출현같이 경제적 팽창을 보여주는 명백한 최초의 흔적들이 문서 편집자들이 사회 관계에 영향을 미친 변화들을 기록한 지 한 세기가 지난 11세기말에야 나타났다. 이에 실망한 나는 제도적 측면들을 되살펴보았다. 내가 마르크 블로크의 저술들을 접하며 성장한 만큼 우선 봉토와 농노제에 대해 재차 관심을 기울였다. 봉토의 경우 존엄왕 필리프 이전에는 아주 미미한 흔적만을 발견할 수 있었다. 농노를 다른 계층의 사람들과 구분하기 위하여 사용된 어휘들의 경우 내가 관찰한 변화들이 서기 1000년 전후한 시기에 문서국이 편찬한 전통적인 양도증서들에서 나타나는 변화들과 훨씬 더 일치하지 않았다. 나는 농노를 지칭하는 어휘들이 1105년경 텍스트들에서 사라진 후 13세기초에 다시 나타나는 것을 확인하였다. 이러한 사실은 당시 모든 중세사가들이 주장한 것들과 상충되는 것으로, 나는 이 논지를 설파하는 데 상당히 오랫동안 주력해서 적어도 이 분야에서는 비교적 풍부한 성과를 후에 얻을 수 있었다. 나는 유력자들이 농민에게 권위를 행사한 방식을 이해하고 싶었다.

나는 연구를 시작하고, 전체 계획의 윤곽을 마련한 지 약 4년 후 구체적 쓰기 작업에 들어갔다. 본격적인 집필 작업에 임하면서 동시에 교수 자격 후보 등록을 위해 합당한 증거를 제시할 필요가 있었는데(후보자 명단은 매우 짧았으며, 당시에는 등록하자마자 바로 교수라는 엘리트 집단에 들어갔다), 그 내용은 미래에 완성될 책의 한 장을 구성하게 될 것이었다. 나는 11,12세기의 재판 방식을 기술하고자 하였다. 이 작업을 행하는 과정에서 한 가지 사고가 훨씬 뚜렷이 부각되었는데, 내가 문서들의 외적 측면에서 인식한 대로 사회적 변화는 980-1030년에 이루어졌다. 이전에는 배심원들 앞에 출두한 사람들의 계층이 뚜렷한 두 범주로 분리되어 있었다. 주인의 자의적 권한 행사로 인해 권리를 박탈당한 '노예'와 공공 재판소에서 재판받을 권리가 있는 자유민, 다시 말해 '프랑크족' 간에 명확한 구분이 있었다. 그런데 11세기초부터 사적 재판 이외의 소송 관련 자료를 발견할 수 없게 되었다. 이전에는 재판받는 당사자들간에 항시 엄격한 구분선

이 있었지만 이제는 이런 구분도 사라졌다. 이후로는 문서상에서 전사 내지 기사로 지칭된 사람들, 다시 말해 주군의 요청으로 그 앞에 출두하는 사람들과, 다른 한편 영주 대리인에 의해 재판받고 벌금 부과와 신체형을 당하는 농민층 간에 구분이 지어진다. 나는 또한 이러한 사법 제도가 성을 축으로 하여 조직되고, 나의 예상보다는 적은 수의 성채들이 새로운 사회 체제의 정점에 자리한다는 사실(해당 시기와 관련하여 푸아티에 지방에서도 한 법제사가가 동일한 결론에 이르렀다)을 발견하였다. 그리고 각 성채를 중심으로 한 주변 영역, 이른바 성주령 단위로 980-1030년에 기반을 마련하고 이후 견고해져 간 영주제가 시행되었다. 성주의 전사인 기사층과 종속민인 농민층 간의 구분이 영주제와 긴밀히 연관된 상황을 고려할 때 11세기의 변화, 다시 말해 왕권과 왕국의 점진적인 해체의 결과 장치된 제도를 '봉건제'라기보다는 '영주제'라 부르는 게 더 적합할 것이다. 이후 국가는 봉토를 재장악하는 방식을 통해 12세기에는 점진적으로, 그리고 13세기에는 급속히 재건된다.

이처럼 나는 미래에 나의 전반적인 연구 성과로 도출될 모형을 1948년에 마련하였다. 나는 장차 내가 '봉건 혁명'으로 지칭하게 될 사회 변화를 설명하면서 자료를 먼저 수집한 정치적 측면을 먼저 거론하였는데, 이는 연구 시점에서 다른 분야에서는 현저히 눈에 띄는 변화를 충분히 확인할 수 없었기 때문이다. 나는 '서기 1000년'으로부터 1214년 '부빈의 일요일'까지로 기간을 한정하여 이 모형을 적용하기로 했는데, 나의 본질적인 연구 성과들은 바로 이 기간의 사실들과 관계된다. 이런 과정에서 결코 우여곡절이 없지 않았다. 예컨대 훨씬 나중에 기획된 《프랑스사》의 중세사 부분에 대해 서술의 전권을 위임받았을 때, 나는 이 기간에 가장 중점을 두었다. 나는 반대를 무릅쓰고 나의 책임하에 그것이 매우 중요하다고 설파하였다. 그 이유는 앙시앵레짐이라 불리는 구체제가 바로 이 기간에 장치되었기 때문이다.

1953년 박사학위 논문인 〈11-12세기 마콩 지방 사회〉의 초간본을 발행했을 때 나는 그다지 자랑스럽지 않았다. 우선 장정 자체가 불만족스러웠다. 이 책은 초라하였다. 종이의 질이 좋지 않아 하자가 있는 듯한 느낌을 주었고, 두 차례의 세심한 교정에도 불구하고 오식이 매우 많았다. 뤼시앵 페브르는 아르망 콜랭 출판사가 '고등학문 연구 총서' 속에 이를 출간하도록 해주었지만 비용은 저자의 부담으로 하였다. 그리고 나는 가난해서 비용을 최소화하기 위해 마르세유의 인쇄업자들에게 이를 맡겼는데, 그들은 날림으로 작업했다. 뿐만 아니라 책 내용의 결점들도 내 마음에 걸렸다. 나는 이제 막 데뷔했고, 스승들의 영향력에서 벗어나지도, 나의 선학들이 제기한 질문들로부터 자유롭지도 못했다. 소심한 나는 나에 대한 논박을 방어하고 선학들의 뒤에 숨을 필요를 느꼈다. 문제들을 다루며 나의 수중에 있는 사료들을 배열하는 과정에서 일부 주제는 사료가 넘쳐나고, 또 어떤 주제는 사료가 결여된 채로 남아 있었다. 나는 후자에 대해서는 이를 거론하지 말았어야 했을 터인데 감히 그렇게 하지 못했다. 나는 적절하건 적절하지 못하건 어떤 편린을 제공하려 하며, 그것에 살을 붙일 수 있다고 믿었다. 상업의 경우가 그러했다. 내가 볼 때 사료가 상업에 대해 말해 주는 바는 거의 없었다. 사료가 부족한 대목을 진부한 내용들로 채우려 애쓰기보다는 사료가 더 풍부한 면과 관련하여 담백하게 설명하는 것이 바람직했을 것이다. 대신 나는 연구 영역을 좁은 범주로 한정했기 때문에 이 지방의 고문서들에 담긴 정보 일부만을 활용하였다. 사회 형태에 대해 훨씬 포괄적으로 이해하고 적절히 묘사하기 위해서는 내가 소홀히 했던 방향에서 연구를 추진해 나가야 했다. 나는 이것을 원칙적으로 네 가지 측면에서 고려하였다.

첫째로, 수도사들과 성직자들을 고려하지 않고 세속인들에 대해서만 주의를 기울인 것은 정당하지 못하였다. 사회의 양축인 교회와 세속은 각각 맡고 있는 근본적인 기능 내지 소유 재산과 문화를 통해 서로 긴밀히 교통하고 있었다. 종교인들이 이런 세속적 측면들에 매우 깊이 개입되어 있어서, 그들의 존재가 모든 사회 관계의 세세한 국면에 이르기까지 심대한 영향을 미치지 않을 수 없었다. 둘째로, 이런 측면에 주목하게 되면 종교적 신념과 관행이 속인의 행동에 끼치는 영향을 훨씬 잘 이해할 수 있고, 내가 망자들에게 기울였던 관심 이상으로 사회 공동체 안에서 활동중인 구성원들에 관심을 기울일 수 있게 되며, 그리고 내가 이미 발을 내디딘 심성사 연구에 주력할 수 있을 것이었다. 셋째로, 친족 구조를 부분적으로나마 재구성하면 내가 관찰한 개인들을 혈연 관계와 결연 관계망 속에 위치지을 수 있고, 내가 관심을 갖기 시작한 혼인의 기능을 밀접하게 검토할 수 있게 될 것이다. 마지막으로 경제 분야에서 나는 더욱 많은 말을 할 수 있게 될 것이다. 텍스트들이 화폐나 상업에 대해 말해 주는 바가 거의 없다 해도 토지, 나의 눈앞에 펼쳐진 땅에 대해서는 말할 거리가 많다. 토지의 분포와 측정 방법, 당대인들의 주거 방식 및 그밖에 내가 나름으로 풀어 나가게 될 여러 질문들이 제시될 수 있었다.

　나는 그동안 미비했던 이 분야들의 연구에 진력하였다. 변명을 하자면 완전한 답을 제시할 순간은 오지 않았다. 40년간의 연구 말미에 우리가 충분한 연구 수단을 갖추고 있지 못한 점을 고백하지 않을 수 없다. 나는 한 연구 공동체에 속해 있었고, 아무래도 이 집단의 관심과 방법론에 맞추어 나 자신의 연구 영역을 서서히 확대해 나가지 않으면 안 되었다. 개념 도구와 탐색 도구가 우리에겐 결여되어 있었다. 적어도 나는 충분치 못하다는 사실을 인식하고 있었다. 이러한 불충분한 제재들을 다루며 나는 이후 40년간 미지의 영역을 계속해서 탐구해 왔고, 앞으로도 그러할 것이다.

8

물질과 영혼

박사가 된 나는 어쩌면 파리와 파리의 소용돌이로부터 멀리 떨어진 곳에서 봉토를 둔 영주처럼 대학 교수직에 안주할 수 있는 조건을 갖추게 되었다. 내가 오래전부터 교수직을 갈망한 매혹적인 도시인 엑상프로방스의 대학에서 계속 안주할 수 있었다. 이곳에서 사냥과 해수욕을 즐기며 고고한 척하는 교수로 살아갈 수 있을 터였다. 실제 주변에서 이런 사례들에 대해 간혹 듣곤 했다. 혹은 그저 가르치는 나의 직분에만 충실하면 그만일 수도 있었다. 나도 그걸 좋아했다. 훌륭한 독서실, 친애하는 학생들, 새로운 사고를 시도하도록 도와 주는 인근 학문의 저명한 전문가들, 1명에서 출발하여 결국 10명에 이르게 된 나의 옛 학생들로 구성된 조교들에 대해 변함없는 애착을 갖고 있다. 이들은 과거 20년간 프랑스에서 인문학에 대한 관심이 수급 불균형으로 인해 약화되기 전까지 인문학의 팽창을 견인해 온 존재들이다. 하지만 나는 강의 못지않게 연구에 더욱 박차를 가해 나가기로 하였다. 왜냐하면 자연스레 나는 역사를 기술하는 데 만족을 느끼게 되었기 때문이다. 나는 33세였고, 학위 논문의 준비가 나의 열정을 식게 하기는커녕 오히려 달아오르게 하였다. 나는 여러 다양한 분야의 전문가들로부터 격려를 받았다. 편집자들의 찬사와 권고도 나를 크게 고무하였다. 목표를 설정하고, 심도 있게 탐색해 나가라는 자극과 압박을 곳곳에서 받았다. 이런 자극들이 지속적으로 나를 깨어 있게 해주었다.

이러한 자극들은 박사학위 논문이 완료되기도 전인 1951년부터 왔다. 이 중 나의 마음을 사로잡은 첫번째 것은 위대한 비잔틴사가인 폴 르메를로부터 온 것이었다. 그는 페랭처럼 학문적으로 마음이 열려 있고 박학다식한 인물이었다. 그가 나에게 적합할 것으로 여긴 연구 주제를 제안한 이래 시작된 그와의 우정 관계는 나의 연구 탐색 기간 내내 커다란 자극이 되었다. 그는 최상위 고등학문의 연구 성과 요약본을 주기적으로 작성케 하여 이를 관장하는 위치에 있었다. 이 자료들은 학생들과 담당 교수들에게 유용하고 공고히 쓰일 작업 도구를 제시해 주었다. 과장 없이 최신 연구 성과의 논점을 명확히 제시해 주는 종합적 텍스트의 형태로 서지 목록의 제공과 사료의 선택을 가능하게 해주었다. 나는 그로부터 중세 서양의 농촌 경제 분야를 떠맡아 연구하도록 초대받았다. 이 계획은 나를 매료하였다. 선행 연구는 존재하지 않은 상태였다. 그간 나는 한정된 주제를 매우 짧은 기간에 걸쳐 연구했던 나 자신의 경험 이외에 의존할 만한 게 없었다. 나는 이처럼 한정된 영역에서 벗어나 8세기부터 15세기까지 전 유럽의 농촌 세계를 거의 모든 영역에 걸쳐 무한대로 확장해 연구해 보라는 요청을 받았다. 이러한 요청은 당시 내가 나아갈 연구 길목에서 매우 유익하게 느껴졌다. 나는 읽고 또 읽어 나가야 했다.

그 결과 나는 나에게 접근 가능한 5개 언어로 6백66종의 간행물을
저술에 인용할 수 있었다. 내가 케임브리지대학 경제사가들의 장점
을 과도하게 칭찬하여 화가 난 게 틀림없는 한 옥스퍼드대학 교수의
비판은, 내가 모든 자료를 읽지 않았음을 확인시켜 주었다. 그의 말
이 옳았다. 사실 나는 로망스어 계열의 저술에 한정하여 읽었다. 나
는 1955년부터 1961년까지 6년간 별 어려움 없이 방대한 자료를 축
적하고 평하는 작업을 나름의 즐거움을 느끼며 행하였다. 내가 저술
책임을 맡은 책은 엑스대학의 교수로서, 그리고 또한 페랭이 물려준
자리를 자크 르 고프와 공유한 울름의 에콜 노르말에서 즐거이 행한
연구의 직접적 산물이었다.

이번에는 빈 영역을 혼자 탐색하지 않았다. 나는 박사학위 논문의
경우처럼 원사료를 추출하거나 일체의 사료를 가공하여 모형을 세
우려 하지 않았다. 나는 선학들과 동료들이 다양한 방식으로 이끌어
온 긴 작업의 결과들을 수합하고, 모든 탁월한 업적들을 비교하며
이것들을 적절히 배열하면서 그것에 대한 전망을 밝히고, 나아가 나
의 고찰 결과들, 나의 강좌에 담긴 가설들 및 내 자신이 직접적으로
탐색하게 된 사료들에 대해 보완하여 설명하면 되었다. 진정으로 이
보다 5년 전 '박사학위 논문'을 준비할 때, 그리고 이후에도 항시 그
래왔던 것처럼 이러한 노력의 성과를 나의 연구 주제와 결합시키고,
그러한 결과와 작업의 목적을 학생들 앞에서 강의하는 것으로 충분
했다. 내가 행할 임무 중 한 가지인 훈육 과정, 다시 말해 강좌에서는
이러저러한 방식의 질문에 응하여 단순하면서도 엄밀한 대답을 제
시하려 애쓰며, 다른 한편 텍스트들에 대한 설명에서는 카롤링거 왕

조의 영지 목록이나 농업의 특성, 문서나 항공 사진에 대해 고찰하는 방법을 보여주려 하였다.

나는 완전히 나의 재량으로 연구를 지휘하였다. 우선 나는 저술의 제목부터 단순히 경제뿐 아니라 또한 '농촌 생활'을 포괄하는 것이어야 한다고 주장했다. 그러면서 경제가 어느 정도 결정 변수이므로 필수 요소인 경제로부터 출발하되 부분적으로는 사회 관계도 중요시하는 논리 체계에 이르는 게 우리의 목표라 말하고, 또한 나는 저술에 결론을 제시하지 않고자 했다. 이에 르메를이 반대하였다. 내가 이를 명시하려는 이유는 탐색은 열린 것이어야 하며, 서문에서 밝힌 대로 불완전하기에 임시적일 수밖에 없는 종합적 견해를 제시해 놓고, 이 책을 활용하여 훨씬 멀리 나아가며 자신의 불충분한 대목을 줄이고 오류를 시정하려는 사람들에 의해 이 책이 궁극적으로 디딤돌이 되고 극복되어 나가기를 기대했기 때문이다. 게다가 우리가 계획한 내용은 나름의 결함을 지니고 있었다. 농업에 대한 충분한 인식의 결여, 작업 도구의 역할, 휴경의 기능, 산출량의 증가에 대한 나의 가정들이 충분한 토대를 갖지 못한 채로 12세기 유럽에서 '농업 혁명'이 이루어졌다는 사고를 개진할 엄두가 나지 않았다.

감히 말하자면 이러한 개척적 시도는 적어도 나의 호기심에 따른 것으로 새로운 연구를 자극하는 장점이 있다. 르메를이 올바르게 지적한 대로 이제는 농촌을 연구 주제로 삼을 때가 되었다. 오래전부터 진행되어 온 중세경제사 연구의 연장선상에서 현재는 도시와 농촌 간의 관계 문제가 관심 대상이 되고 있다. 전반적으로 보자면

1960년경부터 프랑스에서는 토지에 대한 관심이 점증하였다. 사실 이 연대에 즈음하여 전통 문명의 잔재가 급격히 사라지는 양상이어서 너무 늦기 전에 과거의 기억을 회복하려는 소망과 더불어 망각된 과거 세대에 대한 향수가 되살아났다. '민중 예술과 전통'을 보존하는 최초의 박물관이 들어서고, 더 이상 기념비적인 것이 아니라 일반 '물질 문화'에 대한 새로운 고고학이 태생했다. 우리는 이에 대한 방법론을 폴란드에 가서 일깨우게 되었다. 우리는 토지의 경작 방식, 도자기 파편이나 녹슨 쇠, 아주 오래된 부엌의 부스러기들에서 엿보이는 일상 생활의 흔적을 발견하려는 목적을 갖고 이곳의 방기된 마을들에서 농촌 경제 활동의 초기 작업장을 살펴보았다. 이러한 마을과 작업장이 흔히 중세에 기원을 두고 있다는 사실이 고고학적 발굴에 의해 확인되었다. 이를 기점으로 우리는 특히 농업과 관련하여 인문학 연구자들의 초점이 유럽 경제 팽창의 초기 단계를 이해하려는 방향에 맞춰지기를 소망하였다. 여기에는 제3세계, 특히 개발 단계에 있는 북부 아프리카 국가들을 원조하려는 욕구도 함께 작용하였다. 마지막으로 우리의 관심 영역과 관련하여 탈식민화 이후 촉발된 동요, 우리가 알제리 사건에서 경험한 뼈아픈 오류를 통감하고 프랑스가 자행한 고문과 거짓 행위로 인해 실추된 명예를 되찾기 위해서라도 억눌린 문화의 잔재를 긁어모으려는 노력을 기울여야 한다고 생각했다. 또한 같은 시각으로 중세 유럽에서 농민 문화가 부유한 자, 박식한 자, 강력한 자들의 오만과 잔인함으로 인해 으깨어지지 않았는가 하는 점을 자문할 당위성이 있었다. 이처럼 훨씬 거시적 입장에서 상당수 프랑스 역사가들이 탐색해 오고 있었다. 나는 그러한 의무감을 갖고 연구와 저술 작업에 임했으며, 서술과 발간 이전에 이를 준비하고 탐색한다는 사실 자체가 무한한 가치가 있는 일이고, 결과적으로 오랫동안 농민 사회를 각별히 인식하고자 한 인물로 나를 세인에 기억하게 해줄 것이었다.

1960년 페르낭 브로델은 《농촌 연구》라는 새로운 잡지를 발간하기로 결정했다. 그는 클로드 레비스트로스가 감독하는 사회인류학 연구실에 참여하여 이자크 시바와 공동 편집 책임을 맡았다. 그는 나에게 다니엘 포체와 더불어 감독을 맡도록 요청하였다. 포체는 인문지리와 자연지리 간의 밀접한 관계를 연구하여 상당한 성과를 산출한 프랑스의 위대한 지리학파의 마지막 대표자 중 한 명이었다. 현재는 이 연구 유대가 끊어진 상태이지만, 당시 우리는 이 잡지에서 성과를 얻고자 했고, 지리학자와 역사가뿐 아니라 인류학자·경제학자·사회학자·농학자를 결합시키고자 하였다. 우리는 이 무한한 영역을 탐구하기 위해 모든 인문학자의 동참을 호소하였다. 그러면서 《아날》지의 프로그램을 확장하여 획득된 연구 방법론을 전 세계의 시골과 농민층에 적용할 수 있다고 확신하였다. 우리는 프랑스의 소지방인 오브라크에서 조르주 앙리 리비에르가 이끈 모범적 사례처럼 모두 합심하여 작업할 것을 호소하였다.

나는 다른 제안도 받았는데, 이번에는 미국과 영국으로부터 온 것이었다. 나는 일반 경제사 선집 속에서 중세의 농민을 다루도록 요청받았다. 카를로 키폴라가 감수한 선집에서는 간략하게, 그리고 찰스 윌슨이 책임을 맡은 방대한 《세계경제사》에서는 상당한 분량으로 서술할 것을 제안받았다. 나는 이를 편안한 마음으로 받아들였다.

나는 르메를의 권고에 따라 집필을 마친 종합 작업이 도움이 될 것으로 확신하고 작업에 뛰어들었다. 항시 나는 박사학위 논문을 준비하면서 인식하게 된 것들에 전적으로 바탕을 두고, 인구나 생산면에서 유럽 농촌이 이룬 현저한 비약에 대해 더욱 강도 있고 폭넓게 묘사하려는 욕구를 지니고 있었다. 이러한 시각으로 여기서는 교환 경제를 충분히 고찰하기로 결심하였다. 교환 경제의 발전에 대한 연구들이 이 저술의 지침 역할을 해줄 것이었다. 나는 최초의 회복 기미가 감지되는 상당히 빠른 7세기부터 12세기말까지 주목하였는데, 이미 마콩 지방에 대한 연구에서 밝힌 대로 이 기간에 거대한 전환 내지 진정한 출발이 이루어지고 있었다. 농촌 경제에서 오랫동안 열등한 지위를 점해 온 화폐·상업·도시의 위상에 주력해서 파악해 본 결과, 갈수록 양적으로 증가하고 질적으로 우수해진 장비를 갖춘 농민들의 작업으로 활력이 배가된 결과 서기 1000년이 지나면 이 요소들의 비중이 확대된다는 것을 알게 되었다. 나는 동산 형태의 부가 유통되고, 부의 축적 장소를 따라 영주 과세가 이루어지며, 이러한 부를 바탕으로 유력자들이 자신의 영화를 위해 지출을 증대함에 따라 전 유럽에서 경제 흐름상 대역전의 시발이 마련되었다고 보았다. 당시 프랑스에서는 성당이 빈번히 축조되고 군주제가 강화되는 시점에서, 화폐의 지배력은 강화되며 관대히 베푸는 정신은 약화된 반면 이윤 추구욕은 갈수록 강렬해져 갔다. 이 책의 프랑스어 판본은 1973년 《전사와 농민》이라는 제목으로 출간되었고, 이후 영어판이 나왔다. 조금 지나서 나는 연구 진영을 바꾸었다. 탁월한 연구 업적을 쌓고 싶어한 나는 대가들 주변을 전전하였다. 당시 농업장관인 에드가르 포르가 《프랑스 농촌사》 기술을 희망했을 때, 나는 그의 동료 중한 명인 아르망 월롱을 도와 저술을 준비하였다. 그리고 당시 시골 마을들에 대한 일반인의 관심이 현저했던 만큼 우리가 역사가 · 지리학자 · 사회학자들과 더불어 작업하여 출판한 성과들은 대중적 성공을 거두었다.

*
**

두번째 단계의 학문적 탐색 기간에 나는 주로 경제사 분야에 몰두하였고, 당시 마르크스주의적 사고가 과거에 대한 나의 탐색에 가장 큰 영향을 미쳤다. 사실 나는 그의 논지를 받아들이고 있었다.

마르크스주의의 어떤 측면이 나의 인식에 영향을 주었는지를 알기 위해서는 내가 출간한 저술들의 면면을 살펴보는 것으로 충분할 것이다. 나는 결코 스탈린주의자가 아니며, 공산주의자들을 비난하면서 빠져나올 필요를 느끼지 않는다. 그리고 나를 로드니 힐턴이나 《과거와 현재》 잡지의 역사가들과 관계시켜 준 것은 단지 성격의 유사성만은 아니다. 내가 대학 공부를 시작했을 때, 역사는 일찍이 12세기 이래 유럽에서 점유하기 시작했던 메시아적 역할을 더 이상 떠맡지 못하고 있었다. 12세기에는 역사가 비록 신학의 시녀 역할을 하고 있었을지라도 다른 한편 황무지의 지속적인 축소, 도시 영역의 확장, 상인들의 부 축적, 교회 건축가들의 대범한 설계 등 여러 팽창 요소들이 두드러졌고, 이러한 사건들의 경과에 대해 봉쇄 수도원에서 숙고하던 지식인들은 점차 창조된 세계가 그다지 나쁘지 않으며, 인간의 노력을 통해 더욱 발전되어 나간 결과 인간 세계가 땀과 고통에 의해 천상의 영광과 고통으로 역류하는 게 아니라 확고한 발걸음을 디디며 견고한 길 위를 전진해 나간다는 사실을 받아들이기 시작했다. 여기서 물질적 진보가 행복으로 이끄는 지향성을 갖는다는 믿음의 싹이 발견된다. 유럽 경제의 첫 국면 동안 감지된 이 싹은 성숙해 가며, 마침내 두번째 국면인 계몽주의 시대에 이르러 완전 개화하였다. 이 믿음은 30년간 생생히 뿌리를 내렸다. 우리는 이러한 생각을 공유하며, 표면적으로 최후 심판의 양상을 띤 격렬한 변화 이후 더 이상 계급간의 갈등이나 부조화가 존재하지 않고, 사회 구성원들이 고대의 유토피아를 상실한 수세기가 지난 후 기대한 완벽한 평등을 통해 행복하고 번영을 구가하는 사회의 도래를 표명하고, 이를 서둘러 예비하려는 이유들을 역사 속에서 발견하려 하였다.

카를 마르크스의 논거가 당시 대학 역사가들의 방법론들에 얼마나 영향을 주었는지 분명히 파악할 수는 없다. 그렇지만 역사 연구의 모든 프로그램이 진보의 관념 위에 바탕을 둔 것은 사실이다. 제1차 세계대전 이야기에 심각히 영향받았을 게 틀림없고, 또 전쟁의 재발을 예상하여 이를 효과적으로 비난하려 애썼으며, 어리석기 짝이 없는 새로운 전쟁을 역겨워한 내 세대의 역사가들은 역사가 분별력을 지니고 있다는 생각을 더 이상 확신할 수 없게 되었다. '진보의 위기' 조짐은 이미 오래전부터 나타났고, 우리도 이를 차츰 인식해 갔다. 나는 앙리 이레네 마루의 조언에 따라 프리드만과 슈펭글러의 책을 탐독하였다. 그런 한편 홍군의 승리, 프랑스 레지스탕스 운동이 일으킨 반향, 나라가 해방되어 고취된 열망은 인민 전선과 스페인 전쟁에서 우리 청년들의 마음속에 고스란히 지펴졌다. 마르크스주의로부터 일깨워진 흐름이 도도하게 되었다. 그들이 결코 굴라그를 확신하진 못했지만 역사학도와 교수들 사이에서 극좌파적 성향이 주류를 형성하였다. 나보다도 5세 내지 10세 정도 어리고 양차 세계대전 사이의 환멸을 느끼지 못했으며, 이후 공산당을 추종하지 않은 역사가들은 이를 어떻게 평가할 것인가?

내 경우는 알튀세와 같은 동료들처럼 마르크스주의를 학문적으로 응접하는 데까지 나가지는 않았다. 하지만 1960년대에 나는 알튀세에 심취되었다. 나는 그의 정밀한 분석 솜씨에 매료되었다. 그의 분석들은 궁극적으로 정치 활동면에 집중되었던 마르크스주의로부터 학문적 사고를 추출하였다. 나는 결정주의의 남용 앞에서 주저하며, '구조'의 엄격한 틀에 갇혀 역사 흐름을 고찰하는 방식을 수용하지 않았다. 하지만 알튀세가 이데올로기를 일체의 사회 형성 과정에 내재한 지울 수 없는 환상으로서 제시했을 때 나는 매료되었다.

나는 이론을 신용하지 않는다. 나는 동료들에게도 그러지 말 것을 강권한다. 어떤 대가를 치르고라도 역사가들이 좌익이나 우익의 어느 한편에 서야 하는 이탈리아에서 내가 기 라르드로와 대담한 내용이 자극적인 《역사의 꿈》이란 제목으로 출간되었을 때 나에 대한 비난이 쏟아졌다. 사실 나는 역사가가 탐색하는 문서의 내용에 편견을 갖지 않기 위해 일체의 선입견으로부터 자유롭도록 노력해야 한다고 생각한다. 물론 나도 그러한 자유를 완전히 향유하기가 불가능했다는 점을 이미 지적한 바 있다. 그리고 나의 연구들이 출발 당시부터 개념적인 틀에 의해 인도된다는 사실을 나도 잘 알고 있었다. 이

틀은 내가 경험한 초창기의 연구 경험과 《아날》지, 다시 말해 사회는 독립적인 제 요소들이 집결되는 체계라는 사고에 바탕을 두고 확립되었다. 내가 체감한 마르크스주의는 흐트러진 구조를 지닌 논지가 아니다. 반대로 그것은 매우 체계화된 틀이다. 《전사와 농민》의 초석은 거의 전적으로 계급과 생산 관계 개념에 놓여 있다. 예컨대 나는 마르크스가 당시 시회를 관찰하면서 제시한 계급 투쟁 개념을 모형으로 삼아 활용하였다. 나는 몇 세기를 뛰어넘어 감히 19세기와는 전혀 상이한 사회 체계를 투시해 보고자 하였다. 그리고 이같은 자의적 적용은 매우 효율적임이 증명되었다. 하지만 정당하게도 이러한 적용이 모형의 불일치와 부적합성을 보여주었기 때문에 나는 더 뚜렷하게 영주제의 원래 특성과 메커니즘을 지각할 수 있었다. 이 책은 내가 이론을 하나의 도구로서 나의 임의대로 활용한 방식을 보여준다.

나는 종종 특히 테헤란·카라카스·중국에서 젊은이들이 나에 대해 "그는 과연 마르크스주의자인가?"라고 쑥덕거린다는 말을 듣곤 한다. 나는 마르크스주의에 대해 무한한 빚을 지고 있다. 나는 진실로 기꺼이 그렇게 생각한다. 레이몽 아롱의 초대를 받아 참석한 베니스학술회에서 가치 체계의 역사의 방법론에 대한 나의 생각을 질문받았을 때, 나는 기꺼운 마음으로 나에게 영향을 준 인물로 그람시·라브리올라, 심지어는 레닌까지 거론하였다. 그럼에도 불구하고 나는 역사의 객관성을 확신하거나 인간 사회의 발전을 견인한 가장 결정적인 요인에 해당하는 '최후의 사례'를 들추어 낼 수 있다고 믿지 않는다. 또한 나는 내가 유물론자와 상당한 거리가 있다는 사실을 공언한다. 1955년부터 1965년 사이에는 마르크스주의의 탁월한 분석 도구를 활용하여 사회의 형성 과정에서 부가 생산되고 분배되는 방식, 그리고 물질에 바탕을 둔 것 일체를 면밀히 검토함으로써 매우 유익한 성과를 얻었음을 거듭 밝힌다. 이 작업을 이루고 나서야 나는 준비를 완료할 수 있었다. 마르크스주의자임과 동시에 인류학자였던 모리스 고들리에가 말한 대로, 나는 더욱 확신을 갖고 역사의 흐름 속에서 물질뿐 아니라 '이념'을 일깨워 주는 것에 관심을 기울일 수 있었다.

*
**

　지리학에 대한 관심은 자연스럽게 나를 인류학에 대한 관심으로 이끌었다. 인류학은 쇠퇴하는 지리학의 바통을 이어받았다. 탈식민화는 모국으로 하여금 민족학 작업을 벌일 필요성을 제기하였고, 결과적으로 이런 작업을 통해 '프랑스 민족학'은 과거 나의 젊은 시절에 인문지리가 견인했던 역할을 점하게 되었다. 마르크스와 엥겔스에 대한 주해서로부터 많은 자양분을 얻은 다음 나는 인류학자들, 우선 클로드 레비스트로스의 저술을 탐독했다. 그의 저술은 역사가들에게 도전을 제시하기에 충분했다. 순환적인 지속과 신화의 무시간성 속에 응결된 채 역사 없이 '생기 없고' '원시적인' 이국적 사회에 대한 관찰 토대를 마련하기 위해 사회인류학은 인간 관계가 종국적으로 변형되는 양상에 관심을 확장하는 경향이 있다. 그리고 인류학과 인접한 학문으로서 모든 인문학 중 가장 활력적이고 가장 새로운 학문인 언어학처럼, 당시 파리에서 푸코·라캉 그리고 바슐라르의 영향을 받은 알튀세와 같은 인물들이 이야기한 방식대로 인류학은 구조에 바탕을 두었고, 결과적으로 우리 역사가들은 이보다 하위에 놓일 위험을 안고 있었다. 사실 구조주의는 역사가가 처한 상황을 근본적으로 헤아려 보도록 흔들어 놓았다. 이러한 도전이 더 직접적인 자극이 되어 1960년경 프랑스 역사학계에 새로운 전기를 마련하려는 노력이 경주되었는데, 이것은 30년 전 뤼시앵 페브르와 마르크 블로크가 《아날》지를 통해 이끈 투쟁적 노력과 비견할 만한 자극이었다. 사실 전체 인문학이 한 체계를 구성하고 있다고 보아야 할 것이다. 그 중 한 분야가 변동에 직면할 때 그것이 다른 분야에 곧 파급되지 않을 수 없다.

민족학자, 특히 아프리카 민족학자인 메이라수 · 오제 · 알타브의 저술을 읽으면서 나는 이론적 틀 못지않게 사실의 묘사 방식, 쉽사리 감지하기 어려운 관계들을 드러내 줄 수 있는 부류의 사례들에 대한 분석에 눈을 돌렸다. 또한 나는 그들의 저술에서 상호성이나 재분배와 같은 나에게 익숙하지 않은 개념들을 활용하는 수단을 배웠고, 봉건 사회를 전혀 다른 시각으로 바라보는 노력을 기울이게 되었다. 이들의 구체적 언급 내용을 염두에 두고 재검토한 결과, 내가 앙리 피렌이나 마르크 블로크의 방법론을 추종하여 경제에 부여했던 역할이 적절치 않고, 경제가 그러한 지위를 점유하지 않는다는 사실을 인식할 수 있었다. 당시 프랑스에서 임마누엘 르 루아가 개척한 기후사에 대한 참고를 별도로 하면, 내가 《전사와 농민》에서 훨씬 새롭게 기술했던 내용 중 상당 부분은 위 민족학자들의 강좌들로부터 영향을 받은 것이다. 모스 · 폴라니 · 베블런은 관대히 베푸는 관행이 교환 체계에서 차지하는 비중에 상당한 의미를 부여하였다. 또한 나는 11,12세기에 관대함, 다시 말해 풍족히 베푸는 의무와 만족감을 느끼고 있었던 공동체에서 공식적으로 경기나 축제를 통해 부를 희생하고 분배하는 의무가 갖는 현저한 기능에 주목하였다. 나는 이처럼 소비하고 분배하는 자들 중에서 그간 내가 눈여겨보지 못한 사람들을 고려하게 되었는데, 이들은 다름 아닌 수호성인들과 망자들이었다. 이들은 외면적으로 드러나지 않지만 종종 관대히 베푸는 기능을 행하였고, 수효도 적지않았다. 이에 대해서는 증거를 제시할 필요가 있다. 십자군 원정 시대에 유럽의 경작자들에게는 오늘날 말리나 마다가스카르의 농민에게서 발견하게 되는 것처럼 수확이 알곡의 품질이나 노동의 수고뿐 아니라 평화나 하늘의 호의에 의거하였다. 결과적으로 이 농민들은 이러한 평화나 호의를 획득하는 수단에 골몰하지 않을 수 없었다. 예상과는 다르게 별 거리낌 없이 그들이 시혜의 샘터인 수도원이나 공공 질서와 정의의 담지자인 성채에 생산의 일정 부분을 바친 것도 바로 이 때문이었다. 따라서 나는 이 공조를 단순히 '토지세'의 한 요소로서만 보지 않는다. 이 공조는 반대 급부로서 되돌아올 것이었다. 이것은 부담을 지는 농민이나 이를 징수하는 영주에게 목록상의 라틴어가 지시해 주는 바대로 '선물'의 속성이 된다. 그것은 실질적인 가치 이상의 것을 고려하여 한 사람에게서 다른 사람의 수중으로 옮기는 상징적인 선물 제공의 제스처이다. 이런 측면에서 나는 12세기중에 화폐 가치의 저락 현상이 사회 관계에 미치는 효과에 대해 내가 기존에 확신했던 판단을 마땅히 수정하지 않을 수 없었다. 마찬가지로 나는 들판의 비옥과 수확의 풍성을 보증할 위치에 있는 영주들이, 정해진 날 농노들 앞에서 각자에 대해 거두는 인두세로 농민들에게 베풀 선물을 매입해 두는 것을 조금도 꺼리지 않을 뿐 아니라 자신의 권리를 상실할 위험 없이 곡창을 곤궁한 사람들에게 열어놓을 수 있었다는 사실을 인식하였다. 또한 영주의 징수율이 사실상 영주의 탐욕과 피보호민의 수동적 저항에 대한 영주의 두려움 간에 형평성을 두고 결정된다는 측면에서 '봉건 경제'의 진정한 성격을 깨달을 수 있었다. 현재로선 봉건 부담을 진 사람들과 이윤을 분배하는 사람들이 표상하는 것으로서 영주제를 고려하는 것이 적절해 보인다. 기도로서 신의 호의를 기원하고, 무기로 무질서를 제압하며, 노동력 제공을 통해 공동체의 조화에 협력하는 모든 사람들간에 필수적으로, 그리고 나름으로 공정하게 토지의 결실을 분배하는 체계로서 영주제를 보고자 한다.

나는 이외에도 사회인류학으로부터 생산과 부의 분배를 정당화하고 영속화할 의도로 구성되며 파급되는 이미지를 체계화하는 방식에 대해 인식하게 되었고, 그 결과 의례와 신화의 연구에 손을 대고 친족 관계를 검토하게 되었다. 더불어 내가 그간 마콩 지방에 대한 연구에서 권리의 외적 형태와 관련해서만 분류하고 설정하는 것으로 만족한 까닭에 구성원들에 대한 심도 있는 관찰이 미흡했다는 점을 반성하고, 봉건 가정의 내부를 세심히 관찰하여 봉건 사회의 복잡하고 다양한 모습을 재고찰하게 되었다. 더불어 그들이 생각한 것, 다시 말해 사회 구성원들이 충분히 의식하지 못했다 하더라도 여러 국면에서 계층 상호간의 압박에 직면하여 느꼈던 것에 대해 탐색하게 되었다. 이에 대해 클로드 레비스트로스는 다음과 같이 언명하고 있다: "역사가는 해당 시기에 삶을 영위한 사람들의 무의식을 정치하

게 드러내는 모든 기능을 되살리는 데 진력해야 하고, 또 그런 방향
으로 서술해야 한다." 우리는 진정으로 이를 알고 있는가? 우리는
어떤 경우에도 이 점을 염두에 두고 고찰해야 한다. 내가 어떻게 과
감히 심성사 연구에 뛰어드는 위험을 감수했는지를 보라.

9

심 성

　진실로 나는 일찍이 1955년부터 심성에 주목해 왔다. 게다가 나 혼자 이 작업에 임한 것도 아니었다. 로베르 망드루가 나와 함께하였고, 뤼시앵 페브르가 길을 열어 주었다.

　나는 마르크 블로크 못지않게 뤼시앵 페브르에게 많은 것을 빚지고 있다. 나는 양 대가의 저술들을 동일한 열정으로 탐독하였다. 1944년 겨울 앙드레 앨릭스의 소개로 만나게 된 페브르는 나를 직접 가르쳐 주신 분이다. 그는 나에게 일반 중세사가들의 연구 영역에만 파묻히지 말고 자유로이 탐구할 것을 종용했다. 농민층에 대한 그의 강좌는 나를 압도하였다. 그는 나의 기초를 단단히 다져 주었는데, 바로 이러한 성과가 초보자가 후원자로부터 기대하고 얻는 가장 필수적 부분이다. 뤼시앵 페브르는 끊임없이 나에게 편협한 방식에 책잡히지 말고 더욱 과감히 자기 본연의 탐구를 해나가도록 독려하였다. 나는 그에게 감사를 표하며 내가 글을 쓰고 있는 이 순간에도 모방하기 쉽지 않은 이 위대한 역사가가 마땅한 평가를 받고 있지 못한 사실을 안타까워하지 않을 수 없다. 독일의 총칼 밑에서도 굴복하지 않는 의미로 잡지 편집을 고수했던 사실을 알지 못하는 사람들은 그가 직책에 있는 동안 《아날》지의 관할에 지나치게 집착했다고 비난하였다. 사람들은 그의 역할을 폄하하는 반면, 마르크 블로크의 역할을 더 부각하려는 경향이 있다. 하지만 만약 '아날학파' 라는 게 존재한다면 그것은 상당 부분 뤼시앵 페브르의 덕택일 것이다.

그가 행한 체계화 작업은 필요한 것이었다. 블로크는 성격상 무언가를 설립하려는 취향이 아니었다. 뤼시앵 페브르는 추종 세력을 끌어들이고 지원을 확보하며 연구소를 반석의 기반 위에 올려놓는 역량을 발휘한 인물이었다. 해방 이후 페브르는 록펠러재단에서 후원금을 획득하였고, 클레망 엘레의 도움을 받아 에콜의 제6분과는 전문 연구를 행할 수 있게 되었다. 관대히 연구기금을 제공한 당사자들은 연구기관을 설립할 때 자신의 관점을 표명하기 마련이다. 후원자들은 이 기관이 '문화적 탐색' 을 지향하길 원했는데, 요즘 사람들은 이를 최선의 선택이 아니었다고 평가한다. 하지만 프로젝트의 선택이 강요되었다고 하는 유감스러운 효과만을 주목한 나머지 이 기관의 설립에서 얻게 된 무한한 혜택을 고려하지 않는 것은 부당하다. 나는 그것이 프랑스 역사학파의 성공을 가능하게 한 살아 있는 흐름의 원천이라고 확신한다. 인문학의 실질적인 산실이고 사회과학의 고등교육기관으로서 초창기에는 역사학 주변에 인문학의 응용 학문들을 집결시킨 제6분과는 30년간에 걸쳐 프랑스·유럽 및 세계 전역에 파급될 자극적이고 탐색적인 질문을 제기하였는데, 그 기반이 페브르가 마련한 기금에서 비롯된 것이다. 이 기금은 특히 젊은 인재들을 끌어들이고, 그들의 연구 의욕을 자극하며, 이들이 적절히 마련된 탐구 방안에 협력하여 전체적 짜임새에 맞게 작업하도록 한 점에서 본질적 기여를 하였다. 이 '에콜'은 이처럼 풍부하고 필수적인 연구 수단 지원이 지속적으로 이루어지지 않았더라면 결코 그만한 활력을 유지할 수 없었을 것이다. 나는 자금도 부족하지 않았고, 샤펠 정신의 은밀한 개입에 의해 구속받지 않으려는 투철한 의지 또한 결여하지 않았던 이 행복한 시절이 끝나면서 연구가 계속해서 활력을 잃게 되었음을 발견한다.

또한 뤼시앵 페브르는 마르크 블로크 못지않게 경제가 구조와 사회 집단 발전을 설명하는 유일 요소라는 생각을 거부하였다. 이러한 확신이 있었기에 그는 잡지명을 새로운 이름, 《아날. 경제, 사회, 문명》으로 변경하도록 설득하였다. 경제가 항시 머리 부분을 차지하고는 있지만 사회가 계획의 핵심부에 자리했으며, 1929년 설립자들이 종속적이지는 않되 보완적 지위를 부여했고 미래의 가능성을 열어 두었던 문명의 요소, 다시 말해 오늘날 넓은 의미의 문화로 불리는 것이 점차 연구의 중심축을 형성하게 되었다. 사실 역사 서술 방식이 지리학과 경제학의 방법론을 접합하는 방식을 취하고 문화, 특히 종교 영역에 주저 없이 뛰어들었던 브로델과는 달리 지리 내지 통계학보다는 문학 작품에서 정보를 취했던 뤼시앵 페브르는 다른 분야보다도 이 영역에서 좀더 편안함을 느꼈던 것 같다.

이런 점에서 망드루는 페브르의 직계 상속자라 할 수 있으며, 망드루가 브로델과 사이가 틀어졌다면 그것은 분명 이러한 관계를 공개적으로 과시하기 위한 것일 터이다. 망드루는 제6분과에서 자신의 스승을 도와 작업하였다. 페브르가 나에게 간략한 프랑스 문명사 서술을 제안했을 때(나는 이 책에 대해 나름의 애착을 갖고 있으나, 여기서는 별달리 언급하지 않고자 한다. 이 책은 내가 쓴 최초의 일반서이다) 나는 도움을 요청하였고, 이에 망드루가 참여하여 함께 작업하였다. 우리는 공동 작업을 통해 친밀하게 되었고, 더불어 이 '학파'와도 긴밀해졌으며, 페브르에게서 배운 것을 활용하는 과정에서 상대의 견해를 서로 차용하였다. 마르크 블로크는 《마술사 왕》으로부터 《봉건 사회》에 이르는 일련의 저술에서 '심성적 분위기'를 고찰하도록 자극하였다. 페브르는 이를 더욱 강조하여 '감성'의 역사, 다시 말해 향과 두려움 및 가치 체계의 역사를 기술하도록 독려했다. 그의 저술인 《라블레》는 매 시대가 자기 본유의 세계관을 견지하며, 지각하고 사고하는 방식이 시대마다 변화하는 만큼 결과적으로 역사가는 결코 자기 시대를 이해하지 못하리라 염려하시 말고 최선을 디해 이를 옹호하도록 요구받는다는 점을 탁월하게 묘사하였다. 페브르는 우리에게 '심성(mentalités)'이라는 새로운 연구 프로젝트를 제시하였다. 그는 그간 억제되어 온 이 개념을 활용하고자 하였다.

이 개념은 19세기에 심령 속에 깃든 것을 모호하게 지칭하기 위해 심성적(mental)이라는 어휘의 변화형으로 활용된 예가 발견되긴 하지만, 문학적 표현 속에 등장하지는 않았다. 이 개념이 실질적으로 사용된 것은 1880년 이후이다. 예컨대 프루스트는 "심성이 내 마음에 들도다"라고 묘사하면서 "이처럼 사람들이 새로이 활용하는 어휘들이 있다"고 덧붙였다. 또한 사람들은 현상을 판단하기 위한 심리학적, 그리고 도덕적인 상태를 나타내는 훨씬 광의의 의미로 이 개념을 모호하게 해석하곤 한다. 1920년경 사회학이 이 개념에 주목하였다. 레비브뤌의 저서 중 세인의 관심을 가장 많이 끈 《원시 정신》이 유명한 사례이다. 급작스럽게 출현한 이 개념은 더 일반적으로 사용되면서 그 의미 또한 정확히 규정되어 갔다. 가스통 부틀은 1952년 다음과 같이 정의하였다. "심성이란 온갖 차이점이나 개별적인 뉘앙스에도 불구하고 동일 사회의 개별 성원 모두가 근저에서 추종하는 판단·관념·신조 등 일종의 안정된 심리적 잔재를 구성하는 것이다." 실제 우리는 이 개념을 확대 적용하지만, 한편으로 이에 일정 거리를 둔다. 사실상 '동일 사회' 안에 하나의 '잔재'만이 존재한다고 확신할 순 없다. 적어도 이 잔재가 사회를 구성하는 다양한 계층 안에서 동일한 항상성을 보여주진 않는다. 특히 우리는 이러한 단수 혹은 복수의 잔재들을 받아들이려 하지 않는다. 이 잔재들은 시대의 흐름 속에서 변화하며, 우리는 이러한 변화를 추적하는 일에 주목한다.

나는 더 이상 심성이란 어휘를 사용하지 않는다. 이 개념이 만족스럽지 못하다는 사실을 연구한 지 오래지 않아 깨달았다. 그러나 우리가 역사가들에게 더불어 탐구할 것을 권면한 1950년대말만 해도 연구의 한계나 유형을 인식할 수 없었던 '무의식의 영역'을 지칭함에 있어서, 이 개념이 모호하거나 부정확하다는 사실 자체가 오히려 유익해 보였다. 결과적으로 이 개념은 무엇과 관계될까? 과거 사회에 대한 연구가 생산·기술·인구·교환 등 물질적 요인을 고려하는 것만으로 제한될 때 경험할 수밖에 없는 실패의 부담을 이 개념이 경감시켜 주는가? 우리는 물질이 아니라 관념, 다시 말해 진정 인간 집단들의 조직과 운명을 통제하도록 압박하는 관념 속에 초석을 마련한 모든 세력을 붙들고 연구의 지평을 넓혀 나갈 긴급한 필요성을 절감한다. 게다가 마르크스주의자들 역시도 계급은 계급을 구성한 사람들이 역할 수행 의식을 견지하는 순간에만 효율적 존재에 접근할 수 있음을 인식하였고, 그런 만큼 우리에게 접근 방법을 제시해 주고 있다. 삶의 과정에서 다소간 의식적으로 반복되고 어느 정도 분명한 모습을 띤 정신적 표상 체계가 궁극적으로 물질적 조건에 의해 결정된다는 논리를 배제하면서, 이보다 폭넓고 긴 안목의 논지를 탐색해 나가려고 한다. 그럼에도 불구하고 우리는 근본적으로 여겨지는 두 가지 원리를 표명하고자 한다.

첫째로, 우리는 정신적 표상 체계의 장기 지속적 연구가 어떤 대가를 치르더라도 물질 체계와 분리되어서는 안 된다고 확신하며, 이러한 사실을 전제로 해서 '심성'이란 어휘에 의미를 부여하고자 한다. '심령(esprit)'이나 '관념(ideé)'의 개념에서 유래하는 다른 어휘들은 비물질에 대해 지나치게 강조한 나머지 우리가 연구 대상으로 삼는 현상이 본질적으로 유형의 것에 기반을 두고 있다는 사실을 망각하거나, 우리가 불충분한 것으로 거부하는 모호한 정신사의 측면에서 이 개념들을 호의적으로 바라볼 위험이 있다. 우리가 실제 알고 싶은 것은 우리 신체의 일부인 두뇌 속에서 진행되는 것으로, 만약 빅토르 위고가 살아 있어서 그의 견해를 묻는다면 그는 아마 우리에게 그것은 정령(anima)이 아니라 일종의 마음(animus)으로서 육신과 분리될 수 없다고 말했을 것이다. 그리고 만약 12세기의 조상들이 흔히 사용한 '판단' '개념' '믿음'의 개념들에 내포된 흔적들이 개간이나 군사적 원정의 흔적보다 훨씬 불분명하여——게다가 이러한 판단이 나 관념, 그리고 신조는 특정 인물의 사고에 담긴 요소들이다—— '실체성'을 덜 담고 있다고 한다면, 이러한 정신적 표상들을 다음 세 대로 전수하는 교육 방식, 표상들이 스스로를 정당화하는 방식, 표 상들이 제거하려 애쓰는 공포심, 마지막으로 표상들이 스스로의 근 저가 되고 유지의 바탕이 되는 존재의 구체성을 변형시키면서 양육 하는 지각들의 실체를, 다른 흔적들을 통해 동시적으로 이해하지 않 으면 역사가들의 해석은 위험에 빠질 수 있다. 우리가 새로운 역사 연 구의 대상으로 삼으려 하고 '사고'와 '정신적 삶'의 자립적 역사를 주창하는 사람들에 대항하여 끊임없이 거론하는 심성은, 이 개념의 일차적이고 가장 공고한 의미에서 구체화될 때에만 관심을 끌고 실 제로 존재성을 부여받게 된다. 나는 훨씬 나중에 시토 수도회 본당이 표상하는 의미를 탐색하고 궁극적으로 이 건물들을 축조한 사람들 에게 영감을 주었던 감화, 다시 말해 베르나르 드 클레르보의 설교 에 담긴 감화 내용을 알게 되었는데, 이 강고한 개성의 소유자는 그 리스도의 강생 신비에 대해 오랫동안 숙고한 결과 인간이 천사가 될 수 없으며, 따라서 인간이 육신의 언저리에서 끓어오르는 충동을 승 화시킬 수 있을 때에만 자신의 영혼을 고양시킬 수 있다고 설파하였 다. 우리의 다른 심성사 연구 개척자들과 마찬가지로 베르나르 역시 만약 사람이 인간의 행위를 최소한도라도 이해하려면 육신과 영혼 의 통합적 이해가 필요다고 주장한 점에 대해 나는 적이 만족하였다.

그렇지만——그리고 이것이 우리의 두번째 원리인데——우리의 관심은 한 개인에 있지 않다. 종종 한 인물을 총체적으로 이해하길 원할 경우 그 한 인물에게 초점을 맞추고, 그의 사고로부터 특이한 요소를 추출하려 노력할 때가 분명 있다. 그때 우리는 이런 요소를 그의 육신으로부터 분리해 생각하지 않으며, 또한 이 개인을 그가 속한 사회 조직으로부터 분리하여 파악하는 데 동의하지 않는다. 그리고 '심성'의 개념을 동일 집단의 전 구성원이 관계되는 이미지나 불합리한 확실성의 흐릿한 전체로서 간주한다. 각자가 상상하고 결정하는 바탕이 되는 공동의 심연 내지 견고한 근저의 핵을 우리는 집중적으로 관찰한다. 그런 한편 위대한 종교사가인 알퐁스 뒤프롱이 마련한 용례에도 불구하고 우리는 오해의 소지가 있는 '집단적 무의식' 개념에 강력히 반대한다. 무의식은 사실상 의식, 다시 말해 사람과 관계될 때에만 존재한다. 혹은 각 개인이 자신의 의식 외부에서 우발적으로 퍼올린 것이 아니라, 그가 항시 의거하고 항시 시선을 집중하지는 않더라도 그의 정신에서 벗어난 적이 없는, 세대에서 세대로 전수된 혼미한 원천을 인식하는 게 우리의 목표이다.

1961년 나는 조금은 주저하며 30페이지 길이의 논문에서 우리의 계획에 대해 좀더 설명할 기회를 가졌다. 당시는 내가 심성사 연구를 시작하는 단계였는데, 흥미롭게도 이 작업을 요구한 인물은 연구소나 고문서 학교, 프랑스의 고문서보관소 등에 보존된 전통적 사료 범주만을 취급했던 고증학파의 후견인 격이고 《아날》지에 가장 적대적이었던 학자인 샤를 사마랑이었다. 이 존경할 만한 학자는 역사 일반 및 역사 방법론에 관한 저술 《라 플레야드 백과사전》에서 심성사 분야에 한 장을 할애하고자 하였다. 나는 이 작업을 맡아 서술하였다. 사마랑은 나에게 보낸 편지에서 이에 감사를 표하며, 그가 혐오해 마지않았던 뤼시앵 페브르 성향의 열정을 내가 지닌 점에 대해 떨떠름한 어조로 칭찬하였다. 여하튼 그는 내가 서술한 내용을 그대로 발간하였다. 우리가 약간의 입지를 확보한 것에 불과하지만 이 자그마한 승리는 주목할 만한 현상을 공식화해 준 의미가 크다. 지금껏 프랑스에서 가장 완강한 저항에 부딪쳐 있던 연구 분야가, 내 나이 35세에서 45세 사이의 10년간 구조주의 인류학의 도전과 마르크스주의의 해빙이라는 변화된 환경에 의해 역사 연구의 경향이 전환되면서 가장 공고한 흐름 속에 놓이게 되었다.

10

예 술

알베르 스키라가 자신을 위해 일해 달라고 제안한 것은 바로 이 무렵이었다. 나는 이때부터 수준 높고 외양이 뛰어나고 우아한 디자인을 겸비한 그의 출판 서적들을 존경하게 되었다. 그는 매력적인 사람이다. 사적인 자리에서 그는 막스 에른스트나 자코메티를 대하듯 관대하고 사려깊게 작가들을 끌어들였다. 그 무렵 그는 예술적인 창조력과 역사의 운동을 연결시키는——아직까지 명칭도 붙이지 못한——새로운 전집을 준비하고 있었다. 그는 전집 가운데 두 권을 중세 시대에 할애하기로 결정하고서, 그 중 한 권을 내가 담당해 줄 것을 권했다. 누가 나를 추천했는지 전혀 확인할 수 없었다; 아마도 게탕 피콩이 아닐까 한다. 나는 스키라의 제안을 열정적으로 환영했다. 그의 제안은 아주 오랫동안 바라던 나의 욕망, 다시 말해 역사가라는 나의 직업 속에서 예술 작품을 다루어 보겠다는 나의 열정적인 갈망을 만족시켜 주었다. 논문 주제를 정하는 데 도움을 받기 위해 샤를 에드몽 페랭 교수를 처음 만나러 갔을 때, 나는 이미 염두에 둔 주제가 있었다: 그것은 중세 사회에서 예술가의 지위를 연구하는 것이었다. 초보자였던 나로서는 너무나 자명한 것이지만, 그 주제가 얼마나 어려울지를 헤아릴 수는 없었다. 뤼시앵 페브르였다면 내가 그 주제를 연구하도록 허락했을까? 어쨌든 페랭은 현명하게도 나를 올바른 길로 가도록 조정해 주었다. 그러나 나는 항상 예술에 대한 열망을 지니고 있어서 이 제안을 받아들였다. 나는 그동안 얻은 경험을 바탕으로 당대의 사회와 문화에 관해 배운 것과 그 시대의 예술에 관해 이미 알고 있는 것, 그리고 형상을 연구하는 예술사가가 아마도 조금 더 알려 주었을 것들을 비교해 볼 수 있었다. 나는 역사학자로서의 역량과 내가 가끔씩 쓴 글들——양지바른 프로방스에서 체류하는 동안 스테판 코르디에의 《개선문》과 장 발라르의 《남부의 평론집》에 기고한 글들——사이의 간격이 좁아지는 것을 다행으로 여겼다. 나는 처음에 두 권으로 계획되었던 것을 세 권으로 늘리도록 허락받고, 집필에 들어갔다.

나는 연구하는 동안 무척이나 행복했다. 새로운 연구 영역으로 옮아오면서 마치 피부를 새로 갈아치운 것 같았다. 나는 지면 구성과 책의 디자인 작업에 직접적으로 참여하도록 허락받았다. 그것은 정말로 진실한 예술 작품(알베르 스키라가 시작한 매우 호화스럽고 대단히 조심스럽게 조절된 전집의 서적들)을 다루는 작업이었다. 내가 맡은 일은——그리고 나에겐 이것이 그 작업이 지닌 새로움이자 동시에 난해함이었는데——도판에 적합한 텍스트를 작성하는 것이었다. 우선 도판이 지닌 아름다움을 기준으로 도판을 선택하였고, 도판이 제공할 수 있는 연상 능력을 근거로 배열하였다. 왜냐하면 이 책의 목적은 무엇보다도 미학적인 반응을 이끌어 내는 것이기 때문이다.

내가 쓰는 단어와 문장은 단지 이러한 미학적인 감정을 지지하기 위한 토대였고, 나아가 설명함으로써 미학적 감정을 연장시키는 것에 불과했다. 물론 내가 설명한 것은 독자와 내가 예술 작품에 대해서 느끼는 감정 자체가 아니라 예술 작품이 지닌 역할에 대한 것이었다. 말하자면 예술 작품들을 만든 사람들과 작품들을 주문한 사람들에 대하여, 금제 장신구나 조각상들 또는 기둥이나 천장에 새겨진 복잡한 문양들이 갖는 역할에 관한 것이었다. 나는 이런 사람들과 친숙했다. 직관적으로 어떻게 그들 가운데 일부가 세상을 관조했는지를 상상했다. 나는 스스로 그들의 자리에 앉아 보려 했고, 이를 통해서 그들처럼 느끼고, 그들이 느낀 바와 교감하려고 노력했다. 그리고 그들이 느꼈을 감정은 우리가 느끼는 감정과는 달랐을 것이다. 다음과 같은 것들이 내가 스스로에게 부과한 과제였다. 예를 들어 대성당에 있는 스테인드글라스의 기능을 설명하는 것이라든지, 장 주네가 샤르트르의 노트르담 성당에 들어갔을 때 육체 안에 물리적으로 압도적인 파도처럼 출렁거리는 힘을 느꼈다고 나에게 말했던, 바로 그 '푸르른 폭포'에 내포된 의미를 드러내는 것이다.

나는 《농촌 경제》를 쓰면서 설정했던 것과 동일한 지리적·연대기적 범주를 택하기로 결정했다. 지리적 범주로 라틴어-그리스도교 세계 전체를 택하고, 연대기적 범주로는 노르만족 침입의 막바지에 카롤링거 왕조의 미학적 전통이 복원되는 시기에서 플랑드르의 반 에이크나 토스카나의 마사초의 새로운 회화기법이 탄생한 시기까지를 택했다. 나는 마음이 편해졌다. 내가 필요한 모든 것이 이미 제자리에 갖추어져 있었다. 하지만 여전히 위험한 모험을 위해서는 진솔한 접근이 필요했다. 정보를 취급하면서 내가 익숙하게 사용했던 방법론 대신에 새로운 방법론을 개발할 필요가 있었다. 글자와 문헌 대신에 나는 사물, 특히 아주 특별한 종류의 사물을 마주하고 있었다. 감식가들이 함부로 훼손되거나 시간이 흐르면서 마모되는 것으로부터 이 예술품들을 가장 완벽하게 보존해 왔기 때문에 가장 완벽하다고 판명된 최고의 작품들, 다시 말해 예술적인 창조력이 사라지지 않은 사물이 연구 대상이었다. 한마디로 말하자면 '천재의 작품'이었다. 이것이 내가 작업하는 데 있어 첫번째 어려움이었다. 밤베르크 성당의 지하 묘소에 보관된 황제 앙리 2세의 외투에서부터, 파리의 노트르담 성당의 강단 칸막이 위에 서 있던 아담상에 이르는 특별한 작품을 다루면서 나는 '천재'의 소산에 해당하는 예외적인 부분들을 모두 분리해 내야 했다. 예술가의 개인적 감각이나 예측 불가능한 발상, 그리고 자유로운 상상력으로 이루어진 것들, 다시 말해 설명을 방해하는 모든 요소들을 제거시켜야만 했다. 그 결과 남겨진 것들은 시대가 공유하는 것으로서, 평범한 예술가라도 거장에 못지않게 쉽게 그려낼 수 있는 것들이었다. 사회문화적인 환경과 작품 사이의 연대를 보여주는 것은 오직 이런 종류뿐이었다.

다른 장애물도 있었다. 개별 예술 작품에 대해 말하다 보면 잘못 전달되는 것들이 있다. 1000년에서 15세기 초기까지의 기간에는 문자 그대로 독립된 예술 작품은 정말 드물었다. 박물관에서 사람들이 보통 독립된 예술 작품이라고 생각하는 것은 거의 항상 커다란 전체 작품에서 우연히 분리된 일부분에 불과하였고, 게다가 분리된 작품은 전체 작품이 지니는 의미의 상당 부분을 상실하였다. 이러한 박물관

을 돌아보면서 느끼는 것 이상으로 개별적인 작품이란 매우 희귀하
였다. 어떤 판화는 아마도 제단 뒤의 장식 그림에서 떨어져 나온 것
이며, 어떤 조각상은 교회 입구의 한 부분이었을 것이다. 또한 제단
화나 교회의 건축은 아주 서서히 진행되었다. 대부분의 성당은 짓는
데 수십 년이 걸렸고, 그동안 원래의 계획이 수정되는 경우도 많았
다. 이런 ‘작품’은 클뤼니의 문서보다도 연대를 측정하기가 훨씬 더
까다롭다. 원래의 형태에서 떨어져 하나의 예술 작품이 되어 버린 경
우에 정확하게 연대를 측정한다는 것은 쉬운 일이 아니었다. 요즘엔
미술사학자들의 부지런한 연구 덕택에 연대기 양식의 변화는 갈수
록 정밀해졌지만, 내가 책을 쓸 당시에는 아직 매우 부정확한 형편
이었다. 이런 환경에서 내가 어떻게 임의로 가정하지 않고서 전반적
인 역사와 예술 운동을 관련지을 수 있겠는가? 비교적 명확하게 단
계들을 판별할 수 있게 된 생산과 교역의 역사를 미술사와 연결짓는
것도 쉬운 일이 아니었다. 감각, 욕망 아니면 불안의 역사와 같은 상
당히 야심적인 주제에 대해 역사를 쓸 때면 이런 시도들은 금방 위험
천만한 것이 되었다. 당시에 나는 아직 흔적을 추리하는 법을 배우
지 못했다.

　마지막으로, 나는 조스와 그의 제자들이 훗날 ‘수용’의 이론에 대
하여 제기한 질문들에 직면하였다. 누군가가 단순히 중세 사회에 있
었던 예술 작품과 대중——이외에는 다른 단어가 없다는 사실을 내
가 꼭 언급해야 할까——의 관계에 대하여 인상적인 수준 이상으로
무엇인가를 말하려면 어떤 정보원을 통해 작업할 수 있으며, 어떤
기준에 근거할 수 있는가? 작품을 주문한 사람과 작품을 직접 만들

예술가들은 어떤 대화를 나누었을까? 하나의 혁신을 구조적으로 정착시키려면 무엇이 필요했을까? 그리고 어떻게 하면 혁신에 매몰되지 않을 수 있을까? 달리 말해 어떻게 혁신에 과도하게 집착하지 않으면서 전통이나 과장, 상습적인 일상의 완고함 때문에 경직되지 않고 조금 더 자유로워질 수 있을까? 새로움이란 어디에서 생겨나는 것일까, 그리고 새로워지도록 부추기는 것은 무엇일까? 스승이 제자를 가르치는 작업장에서 생기는 것일까? 기업가가 고객과 협상하거나 논쟁하는 와중에 생기는 것일까? 대중이 혁신을 기대하거나 요구하는 것일까? 나는 예술적인 창조력과 권력, 그보다는 차라리 여러 종류의 권력들(이는 돈 같은 경제적인 권력만을 의미하는 것이 아니라 신앙이라는 강경한 권력을 다룰 때도 마찬가지이다) 사이에 어떤 연관 관계가 있는지를 밝혀내려고 했다. 그 결과 나는 기독교의 역사에 대하여 진지하게 연구하기 시작하였다. 물론 제도로서의 교회에 대해서도 연구했지만, 그보다 종교 관행, 감수성, 그리고 종교적 표현 양식을 다루는 좀더 깊고 근본적인 역사에 초점을 맞추었다. 처음에는 당대의 예술을 풍부하게 반영하고 있는 묵시록의 폭력적인 이미지에서, 궁정문학이나 토마스 아 켐피스의 《그리스도를 본받아》 같은 현저히 대조를 이루는 이미지에 이르는 근본적인 변화를 추적하려는 의도를 갖고 있었다. 결국 작업하는 동안 내내 나는 끊임없이 이 성가신 문제와 씨름해야 했다. 위그 카페의 동시대인이나 단테의 동시대인에게 우리가 예술이라고 부르는 것의 기능은 무엇이었으며, 현시점에서는 전혀 역할이 없어 보이는 것이 당시에는 어떻게 기능했을까?

이 책을 쓰는 일은 문자 그대로 '에세이' 작성 작업이었다. 그것도 아주 자유로운 에세이였다. 이 작업은 나를 변화시켰다. 나는 대학의 울타리에서 벗어나 난생 처음으로 동료나 교수들, 학생들이나 동료 전문가들을 대상으로 하지 않아도 되었다(그리고 사실상 오랫동안 이 에세이가 너무 자유분방하다고 판단되었고, 프랑스 미술사학회에서는 이 책을 '금서'로 지정하였다. 학생들이 내가 한 작업을 참고하는 것은 위험한 일이었다). 나는 조심스럽게 각종의 교양 있는 독자를 대상으로 한 사회사학자로서의 경력을 쌓기 시작했다. 나는 독자들이 모이작의 천조각이나 앙제의 태피스트리(tapisserie)에 평소보다 좀더 다가서길 원했다. 이런 새로운 독자들을 위해 글을 쓰는 일은 나 자신을 다른 방식으로 표현하도록 만들었다. 그리고 어떻든 거의 사로잡기 불가능한 정도로 미묘한 대상을 다루기 위해서 나는 글을 좀더 정교하게 써야 했다. 나는 명료하게 쓰려고 노력했지만, 예술가의 꿈이나 예술 애호가의 향수인 점차 희미해지는 진실이라는 문제를 역사가들이 추구할 때 추적해야만 하는 진리의 그늘진 영역까지 독자들이 따라와 주기를 나는 원했다. 나는 독자들과 즐거움뿐만 아니라 불확실함까지도 가능한 한 나누려는 의도를 지녔다. 그러나 즐거움의 대상에 대해서는 신중했다. 예술 작품이란 고요하게 응시하기 위해서 만들어진 것이지, 유식한 담론의 구실로서 이용되는 것은 아니다. 작품들은 전면에 부각되기보다는 차라리 종종 모호하게 덮여버린다. 나는 "아름다움이란 언제나 단어의 고정적인 의미 사이에서 달아나 버린다"라고 말한 줄리언 그린에게 동의한다. 이런 신중함 때문에 나는 회화에 대한 반응을 묘사하기가 사뭇 주저되었다. 그 반응에 대해서는 나는 스키라를 위한 작업에서나 내 친구들의 저술을 위해 쓴 짧은 글들에서처럼, 가능한 한 역사가로서 그 작품의 매력을 최고도로 이해하기 위해서 체계의 가운데에 그 작품을 위치시키려고 애썼다는 말 외에는 할 말이 없다. 그것도 조용하게.

**

내 책 세 권은 중세 예술에 대한 일종의 사회학에 대해 암시하려는 첫번째 시도에서 생겨났다. 나는 이 중 마지막 권만 언급하겠다: 각각의 장마다 간략한 서문에서 나는 중세의 조각에 관한 일반적 고찰 내용을 개진했다. 이 작업은 역시 스키라에 의해서 출판되었는데, 무엇보다도 알베르를 기념하려는 의미에서였다. 《서기 1000년》과 《성 베르나르: 시토 수도회의 예술》에 대해서는 조금 더 이야기할 것이 있다.

《서기 1000년》에서 실험실의 문이 약간 열렸다. 자료들은 《농촌 경제》에서처럼 단순한 부록이 아니라 작은 책의 규모를 이루었다. 그렇지만 대상이 된 자료는 특정한 장르에 속해 있었다: 이 자료들은 대부분 예술 작품이었다. 이것들은 문학 작품이었는데, 더구나 수사학의 거장들에 의해서 주의 깊게 연마된 것이었다. 나는 이 자료 중 대부분을 스키라를 위해 작업했던 세 권 중 한 권을 준비하기 위해 조금 먼저 살펴보았다. 그것들은 《생세베르의 묵시록》의 삽화나 생 푸아 드 콩크의 유골함의 의미를 분명히 하는 데 도움을 주었다. 역사가들이 그들의 작업에서 사용하는 자료가 어떤 것인지 일반 대중에게 약간의 상식이라도 제공하려는 목적으로 '고문서' 시리즈를 만든 피에르 노라 덕분에 나는 동일 자료에 재접근할 기회를 가졌는데, 이번에는 그 자체를 연구했다. 이런 과정을 통해 장래 연구 방법이 어떻게 변화될 것인가 하는 것에 대한 예감이 들었다. 나는 마치 조각가가 조각 대상을 나무에서 대리석으로 바꾸듯이 내가 사용할 매체를 바꾸었다. 나는 박사학위 논문 작성시에 배타적으로 의존하던 거칠고 정제되지 않은 채 급하게 씌어진 기록들 사이에서 문득 발견되던 특허장과 목록, 그리고 짧은 노트들에서 벗어났다. 그때부터 나는 내 시간 대부분을 라틴어나 그외의 언어로 씌어진 소설이나 시를 읽는 데 보내게 되었다. 이런 자료들은 조금은 간접적이고 그다지 순수하지 않은 방식으로 사회 생활을 반영하고 있었다. 그리고 나아가 이 자료들은 즐거움을 주기 위해서, 또는 어떤 주장을 전달하려는 욕구 때문에 변형되거나 복잡해졌을 뿐만 아니라 잡다한 내용을 담았으며, 그리고 무엇보다도 해석하기 더 힘들었다. 이런 자료들로부터 의미를 추출하기 위해서 나는 최근에 예술 작품을 연구하거나, 또 그것을 상황 속에 위치시키려는 노력을 통해 얻은 경험에 의존했다. 나는 새로운 사료들에 대해서도 비슷한 질문을 했다: 누구를 위해서, 그리고 어떤 목적으로 어디에서 이런 자료들이 씌어졌을까? 그리고 이런 자료들이 가치 체계나 역할 모델, 그리고 우리가 망탈리테라고 부르는 혼란스러운 표상들과 어떻게 연결되어 있을까?

따라서 이 책은 관념의 역사에 대한 개괄과 《역사하기》 및 후속 《3위계》의 한 장에서 더욱 발전적으로 개진될 사고를 담고 있다. 나는 이 작업을 행하면서 자료가 지닌 증거라든지 기록된 사료에 관한 내 관점이 극적으로 바뀌었다는 것을 알게 되었다. 그때까지는 자료 보존의 임무라고 할 수 있는 과거의 기억에 대한 역사적 사실이 나를 진리로 인도해 주기를 기대했다. 하지만 지금은 이런 진리에는 접근할 수 없으며, 역사가는 진리에 대해서 단지 매개자 또는 증인으로서 접근할 수밖에 없다는 사실을 깨닫게 되었다. 그리고 역사가란 이 진리를 그와 관계된 사실 자체가 아니라 진리를 전달하는 방식을 통해서 검증받아야 한다는 것을 알았다. 이것이 내가 요즘 고문서실에서 주워 모은 티끌 하나 없는 기록인 '문건'보다 소설에 더 주의를 기울이는 이유이다. 비록 더욱 환상적이기는 하지만. 소설은 나에게 더 많은 것을 말해 준다. 첫째로, 소설은 작가에 대한 많은 내용을 전달해 주는 만큼 나는 소설가의 심정 변화를 관찰하면서 그가 무언가를 말하려 하지 않는다는 것, 그리고 무엇인가를 잊어버린다거나 숨기려고 한다는 것을 알게 되었다. 나는 작가에게 관심을 쏟았는데, 무엇보다도 먼저 그가 활용한 단어들이 그의 교육 수준이나 희망·공포, 나아가 그가 세상이나 자기 자신을 보는 방식에 대해 드러내 주었기 때문이다. 달리 말해 나는 자신의 의식 투영을 감지해 내려고 노력했다. 이것이 내가 지금 납득하는 한에서 얻어낼 수 있는 유일한 진실이다. 예를 들면 12세기 여인에 대한 진실에 접근할 때 하나의 영상 속에 담을 수 있는 것보다 더 가까이 갈 수는 없다. 그리고 그 영상이란 기록을 남긴 소수의 마음속에 우연히 투영된 것이다. 나는 뛰어난 제도사학자인 카를 페르디난드 베르너와 지속적으로 함께한 세미나에서 나눈 열정적 토론을 통해 이런 증거를 발견하였다. 베르너는 고집스럽게 문학적 자료만을 고수했고, 그 자료의 저자를 사로잡았을 관념에 대해서 고민하는 법은 없었다. 반면 내 경우 덧씌워지고 변형된 진리에 대해 더 분명한 개념을 얻기 위해서는 그 관념 자체가 먼저 검증되어야만 한다고 믿었다. 《서기 1000년》을 준비하기 위해 이른바 소설류의 자료를 모으고 분석하는 과정에서, 나는 라울 글라베르·길베르 드 노장 또는 람베르 다르드르의 정화된 구절들을 풍부하게 원천으로 삼을 수 있었다. 이런 정교하고 폭넓은 작가들은 때때로 거짓 사실을 말하거나, 연대나 장소를 종종 틀리게 적시했기 때문에 실증주의자들로부터 경멸받던 작가들이었다.

*
**

나는 스키라를 통해 제네바에서 이브 리비에르를 알게 되었다. 그는 1970년 샤푸르와 프리드리히 2세를 생각하며 위대한 건축가들에 대한 고급 전집을 출간하려는 마음을 갖고 있었다. 그 역시 리비에르도 성 베르나르두스에 대해 관심을 갖고 있었던 만큼 나에게 《유럽의 성당들》에서 내가 몰두했던 시토 수도회의 미술에 대해 더 심도 있게 고찰할 것을 권고하였다. 새 에세이는 단순히 과거의 사고를 발전시키는 것 이상의 의미를 담도록 할 예정이었다. 나는 똑같은 방식으로 출발하여 토로네·퐁트네·리에볼의 숲과 늪지를 탐색하며, 오늘날에는 비어 있으나 한때는 성령이 충만했던 수도원과 교회들에 접근하였다. 나는 리비에르에게 이 종교 건물들이 이 건물을 축조한 사람들을 위한 것이었을 뿐 아니라, 동시에 그 구성원들이 자기 자신과 세계의 무질서를 염려하며 쌓은 각고의 수행과 투쟁의 승리를 기념하여 드린 봉헌과 찬양의 행위였다고 설명하면서 이 건축물들의 미를 세심히 감상하도록 요청하였다. 이 건축물들은 제반 구도가 수직을 지향하여 엄중한 수련을 통해 구도자들이 말로 형용할 수 없는 진리의 지각에 이르기까지 한 단계씩 올라가며 고양되도록 돕고 있다는 측면에서 결과적으로 점진적인 완성의 도구가 된다. 하지만 나는 여기서 예술 작품, 다시 말해 시토 수도회가 번성하기 시작한 12세기까지 추적될 수 있는 것으로서 전 유럽에 걸쳐 영향을 미친 다음 이후 서서히 잊혀져 간 이 기념비와, 성 베르나르두스가 최고조의 득도 상태에 이를 것을 요구한 정신적 요소 간의 관계를 규정짓는 데 더욱 세심한 주의를 기울였다. 이 작업을 통해 나는 이 인물에 대한 나름의 통찰을 얻을 수 있었는데, 나는 공격적 성향에도 불구하고 많은 사람의 존경을 얻게 한 그의 치열한 열정에 대해 어느 정도 거리를 두고 탐색하며 이 인물에 대한 나름의 통찰을 얻고자 하였다. 나는 찬탄을 금치 못할 그의 산문에 매료되고, 또한 중세 사회의 역사를 제대로 서술하길 원한다면 도저히 가벼이 지나칠 수 없을 정도로 영성이 깊은 이 지방들에 경도되어 열정적으로 그의 글을 읽어 나갔다.

나는 세낭크 수도원에 체류하지 않고는 내가 나름의 해석을 제시하려는 건축물과 교감을 나눌 수 없을 것 같은 확연한 느낌이 들었다. 나는 바로 이 수도원에 임마누엘 뒤하임과 더불어 중세사 연구소를 세웠는데, 결국 종교인들이 이곳을 빈번히 드나들어 오래 지속되지 못했다. 나는 이곳에서 건축물과 일체감을 느꼈다. 나는 시토 수도회가 설립 부지로 선택한 이 '고적한' 장소에서 오랫동안 고독과 침묵의 시간을 보낸 후 완벽한 평정심을 느끼고자 한 수도사들의 심경을 조금은 이해할 것 같았다. 나는 온 낮과 밤을 이 건물의 폐쇄된 벽과 마주하면서, 수도사들이 남루한 복장을 하고 날알로 끼니를

때우며 벽돌로 만든 벽 안에 자발적으로 칩거하여 은총의 계시를 받기에 합당한 단순한 삶을 통해 영혼을 고양시키려 애쓴 이미지를 충분히 그려 볼 수 있었다. 나는 본격적으로 저술 준비에 임할 때마다 이곳 세낭크에 작업장을 마련하였다. 내가 나의 저술 중 어떤 것은 발랑솔의 고원에서, 또 어떤 것은 보르퀘유에서 작성되었다고 한다면 이는 조금은 교태부리는 일이 될 것이다. 하지만 나는 이 사실을 자인하고자 한다. 장엄함과 자유로움을 동시에 지닌 자연의 곁이 나에게는 절실하였다. 까닭에 요란한 파리로 빨리 돌아가면 이러한 평정심을 잃을까 염려하여 1960년부터 소르본에 들어오라는 폴 르메를의 강권을 물리치곤 하였다.

11
콜레주 드 프랑스

10년 후 나는 엑스대학을 떠났다. 내가 이처럼 지체한 데에는 페르낭 브로델과 관련된 사연이 있다.

나는 브로델을 찬탄해 마지않았다. 나는 《펠리페 2세 시대의 지중해와 지중해 세계》를 이 세기에 씌어진 가장 위대한 저술 중 하나로 여긴다. 나는 이 책을 35년 전 이스탄불로 향하는 바다 위에서 처음 읽었는데, 이번에 또다시 레판트 위를 비행기로 나는 동안 재탐독하면서 처음 이 책을 접했을 때와 같은 환희를 다시금 맛보았다. 책 속 구절들은 내 마음을 격렬한 소용돌이로 몰아갔다. 나는 끊임없이 이 위대한 저술을 반복해 읽었고, 오늘도 이 책을 모범삼아 글 쓰려는 노력을 기울이고 있다. 이 책에는 《아날》지의 설립자들이 동경했던 것이 성취되어 있었다. 경제적 · 사회적 · 정치적 국면과 관련하여 소홀한 바가 없었고, 상황의 변동, 가시적 변화에서 벗어난 것, 파악이 가능할 것 같지 않은 것, 일시적인 것, 사건의 진동, 해당 요소가 사건의 전개에 미친 반향이나 전사의 기질, 재정 상태를 통해 식별할 수 있는 것까지도 이 책에 기술되어 있었다. 나는 이 책에서 특히 뤼시앵 페브르나 마르크 블로크도 다다르지 못한 기념비적 장엄함과 방대함에 경도되었다. 나는 수평선이 내다보이는 비탈의 테라스들 사이에 무수히 서 있는 주랑들 틈에 끼여 위치와 방향을 전혀 헤아릴 수 없는 궁전과도 같은 무궁무진한 대상을 접하고 있다는 느낌을 받았다.

나는 브로델에게 찬사 못지않게 감사하는 마음을 갖고 있다. 이 분은 여러모로 나에게 은덕을 베풀어 주었다. 나는 연구자금을 말하는 게 아니며, 이를 간청한 바도 없다. 나는 종종 격려가 필요하였고, 그는 바로 그 역할을 해주었다. 그는 내가 은거지에서 벗어나 에콜의 제6부에서 고등학문의 연구에 임할 것을 제안하였다. 나는 그의 말을 듣지 않았다. 이후 2,3년간 매번 콜레주 드 프랑스에서 공석이 생길 때마다 그는 나에게 후보로 나서도록 강권하였다. 나는 자신의 강좌에 나를 초대하여 말할 기회를 준 디옹·구루·레비스트로스 등 몇몇 교수와 안면이 있다. 그들은 나를 두렵게 만들었다. 나는 우쭐한 마음이 들었다가도 한편으로 실패할까 봐 두려웠다. 나는 경합자가 생기지 않을 때를 기다렸다. 결국 때가 왔다. 1970년 폴 르메를이 나를 천거하였고, 나는 선출되었다. 나는 레이몽 아롱·미셸 푸코와 함께 마지막 관문이며 통과의례인 취임 강연을 하였다. 내가 이토록 오래 콜레주 입성을 망설인 근본적 이유는 이 대학에 대한 나의 고정관념에서 비롯되었다. 나는 이 임무를 떠맡을 자격이 있을 것으로 생각하지 않았다. 입회가 가시권에 들어온 순간부터 나는 몇 차례 양보하였다. 프로방스로부터 멀리 떠나 있어야 한다는 아쉬움이 나를 멈칫하게 했다. 여기 파리에서는 훨씬 무거운 학술적 연구와 제시의 책무가 매년 몇 주간에 걸쳐 집중적으로 이루어졌다. 결과적으로 강좌 내용이나 저술을 정교히 다듬는 데 필수적인 비교적 장시간의 평화로운 기간과 치열하면서도 풍부한 결실을 맺을 수 있는 파리의 체류 기간을 교대로 맞이하는 것이 가능했다. 파리에서는 나중에 평화로운 은거지에서 활용할 정보를 수집하고, 매우 탁월한 새로운 동료들과 함께 학문적 분위기를 만끽할 수 있을 것이었다.

그렇지만 나는 우호적이고 마음이 돈독한 젊은 학생들과 강좌를 함께하는 생생한 즐거움을 포기해야 했다. 콜레주에서 우리의 주된 임무는 연구에 있었다. 연구 결과의 제시는 우리의 신성한 의무였다. 이 활동을 통해 우리는 고립된 연구 생활에 따른 고갈 상태로부터 벗어날 수 있었다. 하지만 학생이 아닌 일반 청중들만을 상대로 하였다. 매주 목요일 나는 연구한 내용을 제시하고 비교적 추상적인 조언을 들었다. 내 강좌를 듣기 위해 오는 온갖 부류의 사람들과 접촉해야 했다. 나는 기껏 그들의 얼굴만을 볼 뿐이며, 그들의 나이·직업·문화 수준 내지 그들을 나의 강의실로 끌어들인 동기를 알지 못하였다(왜냐하면 문은 모든 사람에게 개방되어 있었고, 프랑수아즈 페루가 강조해서 말한 대로 '우리는 프랑스를 향해 강의하는' 것이었기 때문이다). 나는 놀라울 정도의 근면성을 지닌 일부 소수 대중에 알려지게 되었다. 일부는 내가 선출된 이후 은퇴할 때까지 나를 추종하였다. 하지만 호기심으로 온 사람들은 어떤 연유로 들르게 되었을까? 방문객 중에는 우연히 내가 관심을 가진 문제의 전문가로서 나보다 훨씬 심도 깊게 아는 인물이 있을 수도 있었다. 조교를 대동하고 8호실에 들어서는 순간 몸이 움츠러들 정도의 긴장을 느끼지 않을 자가 얼마나 있겠는가? 우리는 항시 자신을 압도해 오는 학문적 중압감을 겪지 않을 도리가 없었다. 적어도 학자들은 이런 과정을 통해 풍성한 결과를 얻을 수 있었다.

내 경우는 이러한 세미나를 통해 얻은 바가 매우 컸다. 나는 21년 내내 단순한 아마추어들은 떨어져 나가길 바라며, 우리의 아지트로 선택한 자그마한 공간에서 나와 함께한 소규모 집단 속에 파묻혀 지냈다. 우리는 온갖 방책을 동원하여 자유로운 접근의 규칙을 위반하면서까지 우리를 보호하고자 했다. 우리는 중세사학자뿐 아니라 인류학자·문학사가·예술사가·법제사가로 구성된 공범들이었다. 이 세미나에서 나는 나의 가설들을 증명하고, 소르본 및 기타 대학에서 온 동료들에게 나의 초고들을 제시하였다. 우리는 더 젊은 역사가들이 우리의 고찰 내용에 대해 제시하려 한 것을 전체적으로 들으며, 나는 이로부터 수많은 참신한 사고와 나의 원래 탐색을 수정하게 한 지적들을 얻을 수 있었다. 나의 모든 저술의 초안이 마련된 것은 바로 이 아틀리에에서였다. 나는 이를 차후에 다듬었다. 그런 다음 최종적으로 조용한 프로방스에서 궁극적인 완성을 이루었다. 이런 식으로 나의 학술 연구 과정 내내 나의 교수 임무가 탐구 임무 및 저술가로서의 임무와 결합되는 일련의 작업이 진행되었다.

**
**

나는 1968년 혁명이 지나고 2년 후에 좋은 시점에서 파리에 들어

왔다. 나는 개인적으로 이 위기에 전혀 영향을 받지 않았지만, 20년
간 번창해 가는 모습을 내가 목도했고 내가 행복해 마지않았던 엑스
대학은 결코 위기에서 벗어나지 못했다. 결과적으로 내 입장에선 떠
나기에 적절한 시점이었다. 반면 콜레주 드 프랑스는 재차 활력을
얻어 가는 추세였다. 당시 콜레주 드 프랑스는 어쩌면 거의 텅 비어
있다고 할 정도였다. 내가 뤼시앵 페브르의 강의를 들으러 처음 왔
을 때는 빈 자리를 찾지 못할까 염려하여 매우 일찍 오곤 했다. 나는
상당히 오랫동안 완전히 홀로 앉아 있었다. 마침내 2명의 조수가 스
승에 조금 앞서 들어왔다. 그는 오로지 3명을 상대로 칼뱅에 대해 현
란한 강의를 진행하였다. 1968년 이후 소르본이 파열음을 일으킨 다
음 사태가 소강 상태에 접어들자 많은 젊은이들이 재차 콜레주로 몰
려들었다. 이들은 강좌들에 물밀듯이 들어와 미셸 푸코나 롤랑 바르
트의 주변에 자리했으며, 이 학자들은 군중들을 맞이해야 한다는 사
실에 불편해하였다. 그렇지만 가장 중요한 것은 그 점이 아니라 파
리의 전문 역사가들이 1970년대초에 성공적인 저자들로 발돋움했다
는 사실이다.

그 이유는 무엇일까? 그것은 18세기 프랑스 문학을 풍미했던 낭만
주의가 쇠잔한 결과인가? 그것이 무엇이건 상당수의 대중이 자발적
으로 소설보다는 역사를, 그리고 사건의 역사뿐 아니라 살아가는 방
식의 역사를 선호하였다. 이러한 취향 변화는 그간 대도시, 거대한
전체, 거대한 표면, 신속성을 특징으로 하는 문명의 통일적 모습을
추구하는 데에만 역점을 둔 데서 비롯된 싫증과 나아가 진실 추구욕
에 근거하고 있다. 덜 단조롭고 덜 훼손된 환경을 찾아 다른 영역을

탐색할 필요성이 크게 제기되면서 역사, 특히 중세사에 대해 놀라운 정도의 관심이 집중되었다. 중세는 상상의 세계라기보다는 거의 미지에 가까운 세계였다. 사람들은 이 사실을 발견하였다. 연구자들은 낯설기는 하지만 지나친 염려 없이 이 영역을 탐색해 들어갔다. 사람들은 바캉스에서 돌아온 자기 집처럼 이 영역에서 스스로에게 되돌아온 자신을 느꼈던 것 같다. 여기서 어색한 모습으로 나타나는 인물들을 접하며 조금은 당황하게 된다. 우리는 당대인들이 말한 것 모두를 이해하지는 못한다. 하지만 이들은 우리의 조상이고, 우리는 그들에게서 상속받은 바가 크다. 그들이 사용한 말, 몸짓, 그들을 흥분시킨 열정은 조금은 우리의 것과 유사하며, 그들이 믿었던 것은 그다지 이질적으로 보이지 않는다. 그들을 접하면서 조금은 자신의 집으로 되돌아간다.

결과적으로 탐독되는 역사서의 영역이 확대되었다. 하지만 그러기도 전에 이미 그것은 현저히 확장된 상태에 있었다. 왜냐하면 역사적 담화의 첫번째 기능은 항시 기분을 전환시키는 일이었기 때문이다. 사람들 대부분은 휴식을 취하고 꿈꾸기 위해 책을 읽는다. 과거와 변한 게 있다면 편찬자들이 시기별로 다른 정책을 채택한다는 사실이다. 이들은 고객을 만족시킬 목적으로 주로 아마추어 역사가들을 상대했던 과거의 출판 방식을 중단하였다. 파리의 유행 변화는 기이한 효과를 낳았다. 《말과 사물》《날 것과 익힌 것》은 쉽지 않은 내용을 담고 있다는 이유로 베스트셀러 목록에 올랐다. 편집자들은 뒤메질이나 브로델의 저술들도 적절히 활용하여 판매할 수 있으리라 예상하고 이를 준비하였다. 제1급의 양 저자는 과거 많은 편수의 저술을 냈음에도 불구하고 일반 대중에게는 전혀 알려지지 않은 상태에 있었다. 갑자기 이들의 책들이 널리 알려지고, 모습이 텔레비전에 등장하였다. 동시기에 편찬자가 실패할까 두려워 출간을 미루었던 《몽타이유》가 세인의 관심을 끌었다. 전문가의 영역으로 잠수한 지 한 세기 후 진지한 역사가 강력한 스포트라이트를 받는 문학적 탐색 영역으로 복귀하였다.

이러한 양상은 프랑스 문화사 흐름에 상당한 굴절이 전개된 상황과 밀접한 관계가 있다. 우리는 결코 책임 있는 위치에 있지 못하였다. 우리는 편찬자의 성공에 이끌리는 무력한 존재만은 아니다. 우리는 왜 단순히 권유에 따라 수동적으로 움직여야 하는가? 우리의 의무는 우리가 알고 있는 것을 널리 알리는 것 아닌가? 가장 가능한 것은 무엇인가? 사람들은 우리에게 대학이라는 비밀집회 외부로 이러한 전달 사항을 유포하도록 하는 수단을 제시하였다. 우리는 이 사실을 알고 있었다. 우리는 그것을 유감스레 여기지 않았다. 분명 이러한 개방성이 역사가의 작업 실행에 반향을 일으키고 있지 않은가? 가장 긴급한 일은 새로운 독자들을 상대로 자아도취감에 빠지지 않도록 경계하는 일이었다. 하지만 우리는 그들에 다가서고, 그들에게 반향을 일으키지 않으면 안 되었다. 결과적으로 우리는 나름의 기술 방식을 채택하고 덜 반감을 일으키는 논설을 제시하며, 습관적으로 논문의 하단에 채워 온 각주를 완전히 삭제할 필요가 있었다. 또한 문체를 부드럽게 하고, 가능하다면 재미를 주는 서술 방식을 택해야 했다. 그렇다고 해서 우리의 탐색 경로가 이탈된다고는 생각하지 않았다. 정치와 사건과 전기, 그리고 궁극적으로 이야기로의 복귀는 대중의 기대에 부응해야 한다는 전제하에 또 다른 강력한 유인을 지니고 있다. 여러 가지를 고려한 결과 우리는 자신의 작업 자체가 관심거리가 되고 있다는 사실에 고취되었다. 좁은 환경을 벗어나는 일은 우리 자신을 위해서나 역사 인식의 진보를 위해서나 이롭게 작용할 것이다.

*
**

내가 콜레주 드 프랑스에 들어왔을 때, 스키라는 나를 이러한 새로운 독자들에게 인도하였다. 사실을 말하자면 내가 그의 요구대로 썼던 저술들은 커다란 성공을 거두지 못했으며, 분명 지나치게 과감하고 새로운 프로젝트라는 이유로 외면당했다. 게다가 사람들이 이 책들을 살 때에는 텍스트의 내용보다는 장정의 아름다움이나 이미지가 크게 작용하였다. 누가 그것을 읽을 것인가? 피에르 노라가 나중에 내 책의 삽화를 없애거나 거의 줄이고 여기저기를 가필하여 책을 담백하게 만듦으로써 많은 독자의 확보가 가능해졌다. 이 순간에 나는 새로운 계획을 세우고 있었다. 갈리마르 출판사에서 출간할 예정의 선집을 위해 제라르 발터는 나에게 《프랑스 형성의 30일》 중의 한 대목인 《부빈의 일요일》을 맡아 달라고 부탁하였다. 나는 제안을 받아들였는데, 이 사실은 나의 동료들을 놀랍게 하거나 어쩌면 모멸감을 들게 했을지도 모른다. 이들은 내가 사건에 해당하는 전투를 다룬다는 사실에 놀랐다. 이들은 내가 《아날》지의 비웃음 대상이 되는 장르로 복귀한다는 우려를 가졌던 것 같다. 사실 나는 두 가지 이유로 이를 받아들였다. 한 가지는 순진한 생각으로, 내가 청소년기에 매료되었던 소설과 잡지 등 NRF에서 나온 책들의 흰색 장정으로 내 책을 출간하는 일이 무척 마음을 설레게 하였다. 또 다른 이유가 결정적인 것인데, 나는 온전히 자유롭게 작업을 이끌어 나갈 수 있었다. 나는 이 선집에 에드가 포르·프랑수아 미테랑(15년 전 보르퀘유에서 만났을 때 그가 쓰기로 약속한 《두 차례의 12월》을 언젠가 서술하기를 희망한다)·장 지오노와 함께 참여할 예정이었는데, 데자즈트르 드 파비는 내가 나의 방식대로 서술할 수 있다고 확실히 언질해 주었다. 저술하기로 결정한 요인은 자유였다. 내가 온전히 다른 작업에서 자유로워질 수 있는 기회가 마련되었다.

그렇지만 진정한 자유는 제안된 프로그램에 내가 유연성을 불어넣을 수 있다는 사실에 있었다. 나의 관심사는 사건을 이야기하는 데 있지 않았다. 부빈의 일요일 전투 사건 자체는 금세기초 라비스가 저술한 《프랑스사》의 한 부분에 매우 적절히 기술되어 있으며, 나는 그것을 의도적으로 참조하였다. 다시 말해 여기에 묘사된 모든 구절들을 활용하였다. 획기적 사건이 우리 구조주의 역사가들의 관심을 끄는 것은 바로 이 대목이다. 사건이 발발한다. 그 충격은 더 깊은 심연을 건드리고, 보통 파묻혀 있다가 어슴푸레한 표면 위로 떠오르면서 일상의 습관적인 과정에서는 우리가 그다지 주목하지 않았던 일단의 현상들이 드러나기를 기대해 볼 수 있다. 혹은 사람들이 여러 가지 다양한 상황과 관련하여 한 사건을 거론해도 그것은 때로는 암시 정도에 그치고, 때로는 단순하거나 범상한 사실들에 섞여 있어서 주목 대상이 되지 못하며, 결과적으로 우리 역사가들의 관심에서 멀어진다. 게다가 사건이 중요해지는 시점에서 사람들이 사건에 대해 다시 말하게 될 때, 그 내용은 기억과 망각의 현란한 유희에 의해 조금씩 변화한다. 이러한 변화는 몇 세대 동안 회상 속에 머물러 있던 희미한 힘들을 드러내 주는 효과가 있다.

　결과적으로 나는 사람들이 부빈 전투에 대해 언급한 모든 관계들을 검토하려 하였다. 나는 프랑스의 존엄왕 필리프의 전속 사제였던 기욤 르 브르통이 생생하게 기록한 간략한 이야기에서 단초를 마련하였다. 이 인물은 1214년 7월 27일 왕의 수종으로서 참여한 부빈 전쟁터의 맨 앞에 서 있었던 인물이며, 사건의 진정한 창조자라 할 수 있는데, 왜냐하면 사건은 사람들이 이에 대해 거론한 관계들을 통해서만 존재할 수 있기 때문이다. 내가 민족학적 자료로서 수집한 이 담화들은 무언가를 전달하려 애썼던 토착의 정보제공자들의 언급 내용을 담고 있다. 나는 프랑스에서 13세기초에 사람들이 군사 활동을 어떻게 표상했는지 이해하기 위해 이에 주목하였다(이러한 기준에 따라 증거를 포착하면서 나는 전사 집단의 무훈과 문화에 의해 좌우되는 봉건 사회에 대한 탐구를 더욱 진전시킬 수 있었다). 그럼에도 불구하고 나는 이 텍스트들에서 말들, 중요한 말들을 고찰하면서 작업을 시작하였다. 나는 여기서 다른 줄거리, 다시 말해 문서록이나 목록들에서는 얻지 못한 인식을 확보하였다. 동시대에 이러한 생각을 표현했던 사람들에게 신의 판단에 따른 것이기에 엄숙하고 특별하며 의례적인 평화나 전투(guerre, bataille; 통상 '전쟁'이나 '전투'로 통용되는 양 개념을 뒤비는 구분하며, 부빈 전투에 대해서는 바타유로 표현한다)가 갖는 의미를 나는 더 잘 이해하려 애쓰며, 이러한 인식을 활용하였다.

또한 나는 젊은이들의 행위를 훨씬 성숙한 사람들의 행위와 분간 지어 파악하고자 했는데, 이들은 여름날 갑옷을 입고 자신들이 짓밟고 지나간 이삭에서 일어나는 먼지로 뿌예진 싸움터에서 고함을 질러대고 갈증으로 허덕이며 미치광이들처럼 행동하였다. 이들은 어떤 무장을 했을까? 이들은 무장하고 말을 타고 달려가 어떤 무공을 세웠을까? 나는 그들의 의식 언저리에까지 파헤쳐 들어가려 했다. 그들은 무엇을 즐겼을까? 전투의 개시 시점에서는 전투를 축제의 장으로 삼아 즐겼던 만족감이 어느 순간에 폭력의 난무 속에서 파괴를 일삼고, 적이 패주하는 혼돈을 기회삼아 전리품을 챙기는 광폭하고 맹목적인 공격성으로 돌변하였을까? 기사들은 두려움을 느꼈을까? 그리고 그것은 무엇에 대한 두려움일까? 어떤 신비로운 영웅이 적을 끝까지 추적해 가는 오만을 저질렀을까? 그들에게 명예란 무엇이었을까? 간단히 말해 마거릿 미드가 마누스족을 관찰한 것처럼 나도 이들을 관찰하였다. 무장이 해제된 점만 제외하면 이들은 비슷한 대상들이다.

봉건적 전투를 그린 이 인류학적 고찰에서 나는 기억의 역사를 부가해서 다루었다. 그 이유는 사건의 기억이 매우 신속히 변형된 흔적들이 발견되었기 때문이다. 기욤 르 브르통조차 전투가 끝난 지 10년이 지나서야 약 1만 행에 달하는 분량의 서사시를 기록하였다. 나는 시대가 경과하면서 어떠한 계획하에 어떤 목적으로 부빈의 기억이 정치가들에게 활용되는지를 보여주길 원했다. 이 기억이 완전히 증발해 버린 오늘날까지 이를 재각성하려는 노력이 경주되는 사실을 어떻게 받아들여야 할까? 어떤 이유로 그렇게 되었을까? 나는 환희의 들뜬 마음으로 이 작업의 매 단계를 탐색하였다. 나는 그 어느 책보다도 즐거운 마음으로 이 책의 저술에 임했던 것 같다.

《3위계》 역시 거의 이에 상응하는 만족감으로 준비하였다. 아마 사람들은 이 진지한 책을 읽으면서 상상 가능한 모든 면에서 생동감을 맛보았을 것이다. 나는 원고를 완성한 후 이를 출판사들에 제시하였다. 출판사는 흔쾌히 이 책을 받아들여 출간하였다. 이 책은 내가 누군가의 권유에 따라 작업하지 않은 첫번째 저술이다. 나는 단독으로 콜레주 드 프랑스에서 행한 첫 3년간의 세미나를 통해 탐색한 연구 결과를 출간하기로 결정하였다. 나는 사회 구성원들이 기도하는 자와 전투하는 자 그리고 전 집단을 위해 노동하는 자로서 각 기능을 떠맡는 세 범주로 분류되고, 상호간의 봉사 토대 위에 질서와 평화가 유지되는 완전한 사회라는 이념의 출현과 전개 양상을 추적하였다. 그러면서 3이라는 이상적인 숫자가 서기 1000년과 부빈 전투 기간 사이(나는 나의 초기 연구 연구들에서 다루었던 시기와 국면에서 벗어나려 하지 않았다) 프랑스의 심성적 표상에서 갖는 위치를 밝혀내길 원했다. 또한 이것이 어떻게 앙시앵레짐의 한 초석이 될 정도로 깊이 뿌리내리게 되었는지를 고찰해 보고자 하였다.

나는 이 책에 《봉건제의 상상적 세계》라는 부제를 달았다. 내가 단지 반마르크스주의적 성향의 나의 동료들을 자극하기 위하여 '봉건제' 개념을 선택한 것은 아니었다. 나는 최초의 질문들이 마르크스주의의 사고를 참조하여 제기되고, 또는 연구 과정에서 제기될 차후의 질문들이 결코 이 사고에 반해 개진될 수 없는 사회사의 탐색이란 차원에서 나의 논지를 고려하였다. 이러한 논지의 자연스러운 전개는 마르크스나 엥겔스가 고찰했던 것보다는 좀더 나아갈 것인데, 왜냐하면 당시에는 중세사에 대해 알려진 바가 매우 적었기 때문이다. 물질 구조에 대한 심화 연구의 연장선상에서 나는 의도적으로 사고 안에서만 존재하는 또 다른 유형에 주목하였다. 인간이 빵으로만 살지 않는다는 생각으로 나는 정신의 행보가 인간 사회의 운명에 어떤 영향을 미치는지에 대해 파악하고자 하였다. 이런 관점에서 나는 유물론을 견지하지 않은 입장이지만, 유물론의 논지를 폐기하려는 사람들처럼 유물론과 결별하려는 것은 결코 아니다. 에른스트 라브루스가 나에게 회의 주관의 영예를 부여한 블랑키협회의 마르크스주의 연구학술회에서 나의 이러한 논지는 충분한 이해를 받았다고 생각하는데, 하루 저녁 내내 우리는 나의 저서를 두고 열정적으로 그리고 많은 결실을 이루는 논쟁을 벌인 바 있다.

또 다른 어휘인 '상상계(imaginaire)'에 대해서는 이 개념을 더 넓은 의미로 상상 속에 존재하는 것, 이미지를 조작하는 심성까지도 포괄하는 것으로 보았다. 이러한 제목을 통해 나의 의도는 비물질적인 것보다 훨씬 실제적인 대상의 역사, 다시 말해 봉건 사회에서 표출되고 변화하는 표상을 기술하고, 이러한 표상에 대해 조르주 뒤메질이 고찰한 '인도-유럽' 문화의 가장 심원한 흔적 체계 중 어느 유형에 해당하는지를 파악하려 하였다. 나는 이 형상의 출현과 그것이 사회 관계의 구체적 내용들과 갖는 연관성면에서 2세기 동안 이루어진 변화를 연구했다. 나의 연구가 뒤메질과 다른 것은 바로 지속된 과거 속에 이러한 구조주의적 도식을 주입하는 측면에 있다. 나는 이런 종류의 이미지가 만들어지고 유포되고 사용되는 방식, 그리고 그것이 다른 이미지의 출현으로 인해 갑자기 사라지는 양상, 혹은 자리에서 밀리지 않고 소규모 압박들에 적응해 나가거나 때로는 완벽히 복귀하는 경우에 대해 인식하고자 하였다. 나는 매우 새로운 역사에 발을 들여놓았다. 그리고 나는 방법론에 대한 해설 부분에서 이데올로기나 이미지, 혹은 복합적 이미지들의 전체가 무엇인지에 대한 정의를 확고히 담보하는 데 애로가 있음을 토로하였다. 그런데 이처럼 스스로를 정당화하려는 속성이 강한 유토피아의 역사는 사회 체계를 반영한 것이 아니라 사회 체계 위에 투시되어 그것의 불완전함을 교정하고, 특정 의미에서 행로를 인도하길 바라는 측면이 있다. 또 그런 이유로 지각 가능한 실제와 근접함과 동시에 동떨어지게 된다.

나는 사람들의 마음을 끌 의도로 쓰지 않은 난해한 저서가 그토록 많이 판매되리라고는 기대하지 않았으며, 이 책을 나의 저서 중 최고로 뽑아 준 이들에 대해 경의를 표한다. 결과적으로 이 책은 나의 연구 노정에서 중요한 단계에 해당한다. 이미 나는 《부빈의 일요일》 집필시에 기사들을 고찰하는 과정에서 그들이 지나치게 부상당하는 것을 피하며 서로를 향해 말 타고 부딪쳐 나갔을 당시 이들의 세계관을 인식하는 일에 고심했다. 이것은 중요한 문제를 제기하고, 이에 접근하는 한 방식을 보여준다. 가치 체계의 발전과 사회 형성의 발전 간에 어떤 관계가 존재하는가? 이러한 문제들을 나는 다른 시각에서 바라보았는데, 시토 수도회의 예술에 대해 고찰하면서 사람들이 인간 사회의 질서와 기능을 연구할 때 이 요소들을 종교적 질서와 관계시켜 주는 것이 무엇인지를 고려할 필요성을 제시했었다. 여기 《3

위계》에서 나는 직접적으로 이 문제를 건드렸다. 11,12세기의 문화인들이 복합적인 사회적 지위와 조건 속에서 스스로를 통찰하기 위해 마련한 제반 실험틀과 활용한 제반 논거를 고찰하면서, 나는 박사학위 논문에 필요한 클뤼니 수도원의 문서록을 헤집었을 때 직관적으로 갖게 된 체계의 축을 생생히 드러내고자 하였다. 나는 영주제의 공조 부담을 진 사람들과 이들의 생산품을 소비하는 사람들 사이, 고통을 진 사람들과 여유로운 사람들 사이, 수탈당하는 사람들과 보호의 명목하에 이들의 노동으로부터 이익을 얻는 사람들 사이 관계에서 드러나는 급변의 양상을 갑작스럽게 깨닫게 되었다. 사실 이러한 급변 양상은 이미 뚜렷이 구분되는 두 가지 사법 제도간의 경합 측면에서 내가 발견한 바 있던 것이었다. 이후 나는 선학들 역시 재판과 관련하여 신의 의지에 따른 섭리적 단절에 대해 설파하는 것을 듣게 되었다. 그런 한편 나는 상호간에 거리가 점차 확대되어 가는 두 적대 계급 사이에 관리인들과 권력의 기생자들로 구성된 중간층이 끼어들게 된 사실을 주목하였다. 이 중간층은 영주의 재산을 관리하고, 이들의 축제를 마련하며, 이들의 희생하에 부유하게 된 새로운 범주의 사람들이었다. 이들의 세력이 급속히 신장한 결과 이들을 과거의 단순한 사회적 신분 규정으로 포괄하는 것이 심히 부적절하게 되었다. 이론가들은 기존의 신분 체계를 수정하여 제3위계에 자리를 부여하게 되었으며, 욱일승천한 기세로 이제 스스로의 힘을 자각하게 된 이 제3위계의 사람들은 자기 본연의 가치 체계를 확산하는 데 주력하였다. 마침내 나는 또 다른 문제를 제기하거나, 혹은 교회가 '봉건제'의 도래와 변화에 어떠한 역할을 행했는지 하는 문제를 더 이상 드러낼 필요를 느끼지 않고서 지배층 내부에 유포된 두

문화적 흐름, 기사도 문화와 교회 문화가 경쟁하는 양상을 인식하기
시작했다.

12
여 행

여행에 대해서도 한마디 해야 할 것 같다. 나와 같은 직업의 사람에게는 여행이 어쩌면 필수적이라 할 수 있다. 나는 1955년에 처음으로 학술상의 이유로 프랑스를 떠나 로마로 향했다. 로마에서는 5년마다 전 세계에서 온 역사가들이 참여하는 학회가 열릴 예정이었으며, 혼잡할 정도의 이 대규모 학회에서 사람들은 유용한 만남을 통해 정보를 얻고 많은 이야기들을 나눌 것이었다. 결과적으로 이곳에서 나는 폴란드인 역사가인 알렉산드로스 지에츠토르, 이스라엘 출신의 조수아 프로에, 미국인 역사가인 질 컨스터블과 관계를 맺었다. 그리고 이미 나는 5년 전에 개최된 파리학회에서 루뱅대학의 레오폴 제니코, 버밍햄대학의 로드니 힐턴, 피사대학의 킨지오 비올란테를 만나 교제를 이어 오고 있었다. 이런 모임이 주축이 되어 전 세계의 동료들로 확대될 우의 관계가 형성되었고, 나는 이들과 지속적인 관계를 유지하며 교제의 즐거움과 학문적 독려를 얻을 수 있었다.

매우 일찍이 세계 시민이 되어가는 오늘날의 젊은이들은 내가 30

세가 되도록 외국에 나가 보지 않은 사실에 놀랄 것이다. 당시 역사가에게 원거리 여행은 낯선 것이었다. 우리의 스승들 중에 로마학회나 아테네학회의 구성원으로서 잠시나마 해외에 나가신 분들도 계시지 않은가? 마르크 블로크와 뤼시앵 페브르는 그러했다. 하지만 페랭은? 데니오의 경우는 확신할 수 없다. 여하튼 나의 세대에는 국내 칩거가 끝나가는 상황을 맞이하였는데, 사실 과거 대다수 프랑스 석학들은 여행하며 경험을 통해 역사를 서술하는 우리 세대의 방식에 나름의 영향을 주었다. 왜냐하면 나는 그들로부터 역사가가 칩거해서는 안 된다는 권고를 갈수록 강하게 받고 있었기 때문이다. 역사가는 세계 각처를 여행하며 다양한 삶과 사고방식을 맛보아야 한다. 알렉상드르 뒤마가 말한 대로 여행자는 "전적으로 즐기며, 창조행위를 자기 자신의 것으로서 체현한다." 그리고 그 결과 시간을 잃는 것이 아니라 오히려 풍요해진다. 만약 내가 방에만 처박혀 있었다면, 문서록·연대기·설교집을 해석할 때 확장된 사고를 보이지 못했을 게 틀림없다.

　나의 여행은 두 종류의 행태를 지닌다. 첫번째는 진정 낯선 곳에 가는 여행으로서, 나는 상이한 여러 경로를 따라 색다른 문화와 접촉했으며, 외피를 제외하면 현대 문화와 접촉이 거의 없는 사회에 들어가 보았다. 이런 유의 여행에서 나는 유익한 교훈과 정보를 얻었다. 나는 이러한 방식의 탐색이 고대나 중세 시대의 역사가들에게 유용하다고 여긴다. 이를 통해 역사가들은 자신의 눈으로 발견한 과거의 실제 활동에 직면할 수단을 마련할 수 있다. 소략되고 모호한 정보, 예를 들면 공화정기 로마인들이나 우르바누스 2세 시대의 사실과 행동으로부터 출발하여 당대인들이 상상하려 애쓴 흔적을 찾아볼 수 있다. 학구적 여행자들은 연구 대상이 되는 사람들이 당대에 겪은 삶의 여로에 잠입해 들어간 것과 같은 상황에 놓이게 된다. 이러한 잠입은 우선적으로 연구자들이 기계적으로 생각해 온 방식에서 벗어나게 하고, 그들이 원사료에서 추출한 미량의 정보를 이해하는 데 저해 요소가 되는 판단들·개념들·신앙들의 덩어리──심성사가 좋은 예이다──속에서 헤매는 부담을 덜어 준다는 본질적 측면에서 연구자들에게 도움을 준다. 원거리 여행은 이들 역사가들에게 여러 가지로 혜택을 제공한다. 이들이 자신의 사회와 다른 모습의 사회 관계나 상이한 가치 체계에서 얻는 경험은 장소별로 차이나지 않는 요소와 시대별로 변하는 것 사이에 구분짓는 데 일조한다.

　무모하다 싶은 나의 해외 여행은 나의 눈을 뜨게 해주었다. 나는 박사학위 논문의 논거를 제시한 후 마그리브를 경유하여 여행을 시작하였다. 이곳은 당시 엑스대학과 긴밀한 관계에 있었고, 또 적지않은 수의 나의 제자들이 강의를 행하고 있는 곳으로, 나는 20년 가량 정규적으로 멀리 떨어진 이곳 구석진 장소에서 일련의 작업을 해왔다. 그 다음에는 좀더 짧은 기간씩 내가 무한한 향수를 느낀 근동 지방으로, 나아가 이란이나 중앙아메리카, 더 멀리는 아시아로까지 긴 여정을 펼쳤다. 나는 단지 즐거움을 만끽하기 위해 여행한 게 아니었다. 만약 내가 가르다이아에서 양고기가 판매된 방식이나 인디언들이 오악사카 주변의 소규모 농민 시장에 쌓아 놓은 물품들을 보지 못했더라면 《전사와 농민》을 준비할 때 9세기의 《궁정 연대기》나 칙령집에서 접한 'portus'〔항구를 의미하고 원거리로 운송될 상품들이 집산

되는 하역장으로, 상업적 성격을 띤 교역지)나 'mercatus'(상인)와 같은 단어의 의미를 제대로 헤아리지 못했을 것이다. 강에 면한 베나레스의 골목길을 따라가면서 길의 한쪽에는 빈자들이 다른 한쪽에는 지폐 한 장을 한 웅큼의 동전과 교환해 주겠다고 제안하는 환전상들이 줄지어 웅크리고 앉은 모습을 보노라면, 11세기 유럽 사회에서 화폐가 갖는 기능을 어느 정도 알 수 있을 것 같았다. 또한 시앙 해역 인근과 강즈 평원에 위치한 카롤링거 왕조의 마을을 수차례 방문하기도 하였다. 알리가르 인근에서는 어느 날 수레를 타보기도 하였다. 실제로 바외 지방 태피스트리의 거친 직물에 수놓아진 것과 거의 유사한 모양의 쟁기를 발견하기도 했다. 다음으로 우리는 밭들을 통과하여 주택지에서 멀리 떨어진 집들을 향해 나아갔다. 그러자 지금부터 12세기 전 경건왕 루이 시대의 생제르맹데프레 수도원 수사들이 기록을 남긴 오를리, 빌뇌브생조르주 등의 마을이 나타났다. 2명의 신자와 순례의 열정을 나누며 메시에 도착하여 축제의 종잇조각으로 수북이 뒤덮인 이슬람 지도자 이맘의 묘를 접했을 때 나는 성자인 푸아 드 콩크의 삶, 《롤랑의 노래》나 《랑슬로》에 대해 더 잘 이해할 수 있게 되었다는 느낌이 들었다. 나는 술탄의 후예로부터 그의 숙소에서 차를 대접받고, 페흐라트 아바스를 기념하는 축제에 광대·시인·가무단·무용수들과 함께 텐트 아래서 우리 영주들이 식사를 한 후 남기게 될 소중한 영양 음식을 기다리며 우리의 행동을 유심히 관찰하고 있는 빈자들의 눈과 손을 보았다. 또 언젠가는 폼즈기드'옆 드라 방면을 향해 흐르는 강가를 따라 펼쳐진 한 자그마한 올리브 과수원에서 나는 한 노예의 손을 잡을 수 있었다. 그는 뙤약볕속에서 일하고 있었다. 그림자 속에 앉아 있는 그의 주인은 그를 감

시하였다. 그리고 우리의 차륜을 바꾸어 준 대가로 우리가 그에게 건
넨 돈을 그는 만져만 보았을 뿐이고, 그것을 가져간 것은 그의 주인
이었다. 우리는 서기 1000년에 살고 있고, 클뤼니 수도원의 노예인
알레옴과 기사인 아샤르 드 메르제에게 말하고 있는 듯한 느낌을 받
았다. 그들의 세계에서는 너무도 당연한 것으로 간주된 계층제 속에
위치한 두 사람이 다분히 호의적인 공모를 통해 돈을 얻고 있는 장
면을 보면서, 나는 순간적으로 내가 연구하는 서기 1000년의 상황
을 떠올렸던 것이다.

일전에 콩가르 신부가 나에게 우리 시대에 가장 경이로운 일은 수
세기 전 사람들과 같은 방식으로 행동하고 생각하는 사람들 속에 들
어가 그들과 함께 지내 보는 일이라고 말한 적이 있다. 우리의 신석
기 단계에 머문 원시 집단이라면 더더욱 좋을 것이다. 봉건 사회에 대
한 나의 인식과 관련해서 말하자면, 나는 페의 거리나 베카를 배회
하면서 오늘날 우리에게 완전히 잊혀진 것이기에 우리가 상상하는 데
많은 애로가 있는 행동 방식들과 접촉하게 되었고, 이로 인해 많은
것을 깨달았다. 관대히 베푸는 행위의 가치, 환대받는다는 느낌, 노
인에 대한 공경, 여성에 대한 무한한 양보심, 다시 말해 중세의 문서
들에서는 확인되고 있으나 현재 유럽에서는 사라져 버린 관습들이
그 사례들이다. 역사가는 본거지에서 멀리 여행하면서 비교방법론을
실험하게 된다. 그렇지만 이 방법론은 위험을 수반할 여지가 많다.
비교 대상이 될 수 있는 것만을 비교하고, 기이한 것이 발하는 다채
로운 광채에 마음이 빼앗겨 위험하게 비약하려는 충동을 억제해야
한다. 한편으로 민족학적 저술들이 대상으로 한 장소에 직접 가서 관

찰하는 게 더 바람직한데, 왜냐하면 저술의 내용이 반대 측면을 보여주는 경우가 종종 있기 때문이다. 민족학자들이 고찰하는 낯선 토민 사회 조직을 묘사하는 과정에서 이들은 종종 신중을 기하지 않고 중세사가들이 사용하는 어휘들을 활용한다. 이들은 자발적으로 12세기 유럽에서 발생한 관계들이나 의례와 유사하지만 전반적으로 다른 체계 속에서 이루어진 것이기에 접합될 수 없는 관계나 제스처들을 설명할 때 봉토 · 봉신 관계 · 신서 등의 개념을 사용한다. 예컨대 북아프리카의 '봉건제'를 언급하는 사례도 있다. 이들이 사용하는 개념에 현혹되어 특출한 일부 중세사가들조차 오류를 범하기도 한다. 모름지기 고도의 신중을 기할 필요가 있다. 하지만 만약 우리가 오류를 범하지만 않는다면 무한한 성과를 얻을 수 있다.

**

여행은 우리가 살고 있는 문화적 분위기 내부에도 긍정적인 영향을 미친다. 이것은 또 다른 방식으로 그러하다. 게다가 여행은 사람들이 역사를 이루어 온 방식을 고스란히 보여준다. 나는 여기서 나의 경험 성과들을 세 영역으로 나누어 살피고자 한다. 이탈리아와 스페인 등 남부 지방이 한 영역에 해당한다. 나는 이쪽 방면으로 국경을 넘어서면서부터 충만한 태양빛으로 기쁨의 환희를 느낀다. 나는 이 지역만큼 일체의 경직된 격식에서 벗어나 더욱 자유롭고 열정적이며 만족스러운 보편적 사회를 알지 못한다. 내가 오히려 스페인인이나 이탈리아인들보다 편안하게 느끼는 지방도 있다. 더욱이 내가 연구하는 역사 장르는 멀리 떨어진 곳에서도 가장 널리 수용되고 있는 터였다. 매우 일찍이 페브르와 브로델은 《아날》의 정신이 널리 퍼져 나갈 방도를 마련했다. 스페인에 드리워진 프랑코의 독재, 롬바르디에 대한 독일 학문의 영향 등 모든 악재는 이제 사라졌다. 연구의 관점들이 우리가 추종하는 것들과 다르지 않았다. 이곳 학자들은 우리 못지않게 우리의 논설에 대응하기 위해 패기 넘치고 신선한 논지를 개진하려는 노력을 경주했으며, 우리 프랑스인들이 세계 역사가들에 얼마나 오랫동안 건전한 영향을 미칠 수 있을지 프랑스인들에게 자문할 것을 강압하는 듯했다.

동유럽 국가들과 나의 관계는, 동유럽 국민들이 소비에트의 멍에를 떨쳐 버리기 전인 1960년대 초반 폴란드에서 가장 먼저 이루어졌다. 프랑코가 지배하던 스페인과 마찬가지로 철의 장막 저편에서도 나는 나의 동료들과 제자들에게 어쩌면 그들보다 더욱 열정적으로 자유의 분위기를 불어넣고 싶었다. 진실로 나는 그들이 내가 상상하던 것보다 훨씬 덜 억압된 상태에서, 때로는 서방보다 더 많은 정보를 갖고 작업에 임한다는 사실을 발견하였다. 특히 중세사가들은 속박을 훨씬 덜 받고 있었다. 감시의 눈길이 심하고 도식적 체계화의 압박을 받고 있었던 영역은 19세기 역사였다. 나는 공산주의의 압제가 절정에 달한 시기에조차 중세사 연구가 어느 정도 변형된 모습이긴 하지만 이면에서 활발히 이루어진 사실에 아연실색할 정도였다. 폴란드인들은 마르크스와 엥겔스에 대한 약간의 언급을 추가하는 선에서 자신의 연구 성과들을 있는 그대로 발표하고 있었다. 베오그라드에서는 정치가 거의 존재하지 않은 듯했다. 전반적으로 공산주의자들, 그리고 나의 친구인 보지크는 그것의 존재를 단순히 부정하는 척했다. 루마니아인들은 자신의 생각을 때로는 전복적인 내용까지도 널리 표명했으며, 점잖은 헝가리인들도 공식적인 지시에서 벗어나 있는 듯했다. 나를 일찍이 부르주아 역사가로 낙인찍은 소비에트에서조차 구레비치와 베세메르트니가 오래전부터 정신적으로 완전히 독립된 상태로 연구에 힘써 왔다.

따라서 특히 대학을 비롯한 학술 분야에서 이미 으깨어지기 시작한 껍질이 부서져 나간 순간부터 사회사가 나래를 펼칠 여백이 마련되었다. 2년이 지나 이런 상황이 전개되면서 새로운 역사가 적대적이었던 마지막 장벽들을 허물어뜨렸다. 예컨대 《아날》지에 대해 비난 일색이었던 모스크바에서 분위기가 바뀌어 칭찬하는 이야기들이 흘러나왔다. 그리고 대체로 통제적인 사회주의로 인해 발전이 억제된 나라들에서 연구자들의 열정은 주목할 만했으며(이들의 활력적인 연구가 정부에 이익이 되는 측면이 있었던 만큼 학문 연구소들은 생산의 활력이 보존된 희귀한 장소였다), 전쟁 뒤의 이탈리아와 프랑코의 독재가 와해되기 시작할 무렵의 스페인에서처럼 더 전반적인 혁신의 물결이 고조되었고, 결과적으로 정보의 구축 체계와 연구기관의 조직이 우리 쪽보다 오히려 효율적인 상태로 유지되었다. 이쪽의 중세 사가들과 처음 접촉한 이래 그들의 과감한 연구 시도가 나를 놀라게 했다. 우리는 그들에게 영향을 준 것 이상으로 그들로부터 학문의 성과를 흡수했으며, 주로 두 영역에서 그러하였다.

13세기 이전의 문서 사료가 드물고, 마르크스주의가 '물질 문화'의 역사를 연구하도록 압박하며, 민족 감정이 슬라브 원주민들로 하여금 중세 성기의 경제적·사회적 혁신을 복원하도록 부추긴——이에 대해 전통적 학설들은 게르만족의 식민화를 주창하였다——지역들에서 일상 생활·마을·영양·의복을 밝히는 고고학이 큰 결실을 맺고 있었다. 나는 제자들을 이쪽으로 보내 연구하도록 권면하였다. 다른 한편 우리는 은밀히 민중 문화 연구를 준비했다. 궁극적으로 나는 세계의 바로 이 지역에서도 역사가들이 전통적인 역사 연구 방식에서 벗어나 새로운 방법론을 동원하고 있다는 강렬한 느낌을 받았다. 그리고 야스트레박의 외딴 숲과 나레브 경계의 작은 부락에서도 삼포제가 시행되었고, 올테니 수녀원에서 서방으로 은밀히 사람을 보내 정보를 얻는 조직적인 노력이 있었음을 알게 되었다. 그리고 이 수녀원에서 나는 하룻밤 머물게 되었는데, 당시 수녀원장이 잼이 곁들인 저녁 식사를 손수 마련해 주었다.

우리의 문화권에 속한 또 다른 지역에서도 나는 적지않은 혜택을 입었다. 우리와 매우 가깝고 외부에 개방되어 다른 언어들도 사용하고 있음에도 불구하고 그쪽 역사학자들이 별다른 정보를 갖고 있지 못했던 벨기에·네덜란드·스위스에서도 나름의 탁월한 전문적 연구가 진행되고 있었다. 우리와 대비되는 지적 풍토를 지닌 영국에서도 진지한 논의가 이루어져 왔다. 미국 대학들의 경우 특히 인디언주의처럼 경계적 현상을 다룬 주제들을 중심으로 중세사 연구가 자연스레 진행되었는데, 이 또한 나름대로 유익하였다. 주로 문학적·예술적·종교적·철학적·법률적 형태를 취한 문화사, 다시 말해 엄밀한 의미에서 종종 이차적 관심의 역사로 치부되었던 것이 연구의 주류 대상으로 떠올랐다. 여기서 게르만 전통은 경의를 표할 만한 공고한 지위를 차지하고 있었고, 《아날》이 제기한 문제들에 대해 놀라워하는 한편 얼마간 비판적이었다. 그런 반면 역설적으로 '프랑스 인상주의'를 향해서는 비난하는 기미가 거의 없다. 하지만 위로삼을 만한 부분도 있다. 여기서 우리의 동료들은 유럽의 젊은 중세사학자들보다 결코 더 열악한 작업 환경에 놓여 있지 않았다. 연구자들은 종종 지나치게 빡빡한 프로그램들에 매몰되어 있었던 것 아닌가? 그리고 우리가 장착한 나름의 연구 작업 수단을 갖추었다 하여 프랑스가 당연히 그레나다나 프라하보다 나은 성과를 낼 것이라고 확신했던 것 아닌가? 마지막으로 독일의 경우를 짚어 볼 때이다. 나는 라인 강 너머 뮌스터·프라이베르크 그리고 괴팅겐 학자들에게 힘입은 바가 매우 커서, 이들의 연구 성과에서 도움을 얻지 못했더라면 내가 봉건 귀족층의 친족 구조에 대한 연구를 제대로 행하지 못했을 것을 잘 인식하고 있다. 기반이 충실히 확보된 독일의 중세사 연구 전통은 얼마 전까지만 해도 거의 접근이 어려운 폐쇄된 철옹성처럼 보였다. 내가 보기에 독일의 연구 풍토는 지나칠 정도로 진지하다. 이것은 나의 주관적 입장일지도 모른다. 하지만 나의 학술 강연장에 독일대학의 교수들이 참석한 지 6,7년이 지나도록 다시 그들을 재회할 기회를 얻지 못하고 있다. 그렇긴 해도 그들의 제자들은 나의 강연을 들으러 오곤 했다. 이들은 나에게 "자신들은 여기에 있고 우리들은 저쪽에 가 있으며, 모든 게 변하게 되어 있다"라고 말한다. 모두가, 그것도 빠르게 변한다는 것은 진실이다. 나는 프랑스 학생들이 여행하기로 결심하고 그들의 독일 동료들이 어떠한 환경 속에서 작업하는지를 보게 될 때, 이 학생들이 종래의 방식을 고집하지 않고 바람직한 방향으로, 그리고 정당한 이유로 환골탈태할 것이라고 생각한다.

우리가 이웃을 향해 여행해야 하는 이유는 점점 더 근거를 잃어가는 우리의 우월성이나 확신을 교정해야 할 필요성에서이다. 이러한 여행은, 만약 우리가 제대로 수행하지 못할 경우 우리의 본고장에 대한 여행 이상으로 고통스러운 결과를 낳을 수 있다.

13
영 예

나이가 들면 좀더 젊은 사람들에 의해 자연스레 떠밀려——이것이 인생이다——우리는 감지하지 못하는 사이에 깃털과 장갑으로 장식한 채 이전의 저명인사와 마찬가지로 명예의 전당에 자리잡아 지식인의 반열에 오르며 냉담하고 근엄한 체하는 국면에 들어선다. 이들의 주요한 기능은 더 이상 행동하는 데 있지 않다. 우리가 정중하게 지혜라고 부르는 것은 창조적 활동이 쇠퇴한다는 의미에 다름 아닐까? 이들이 하는 임무는 행동하는 사람들에게 충고하는 일일 뿐이다.

연구자들은 흔히 이를 악물고 오랜 기간 동안 학위 논문을 준비하여 학위를 얻고 나면, 이제는 자신이 학위를 지도하고 무보수이지만 무형의 권위에 해당하는 온갖 종류의 학술회의 회원, 나아가 회장이 되는 보상을 받는 입장이 되며, 연구를 진두지휘하는 역할을 더 이상 행하지 않고 편집자들이 맡기는 선집을 위해 작업한다. 그들은 자신의 문하생, 스승이나 추천인들을 지지한다. 마르크 블로크가 지적

한 대로 봉건제가 일단의 개인 관계에 바탕을 두고 있다고 본다면 바로 그러한 의미에서 프랑스대학들에서 형성된 소규모의 편협한 결속 집단들은 봉건적이라 할 만하다. 대학 사회는 주종 관계의 집합체이다. 오랫동안 주군을 경외하고 그에게 봉사해 온 봉신들이 경험을 쌓으면 주군이 되어 자신의 봉건 권력을 보호하려 한다. 암묵적이고 거의 항시 존중받는 계약에 의해 혜택받는 이들은 그들을 후원하는 사람들의 뜻에 반하여 행동할 수 없다. 선출에 임할 경우 그들의 후원자들이 보호하는 후보를 지원하고 마음에 들지 않는 사람들에 대해서는 반대하지 않을 수 없는 상황에 처한다.

모름지기 경계해야 할 시점이다. 사람이란 마음이 현저히 약해질 여지가 많다. 내가 지금 질투심이나 원한을 말하는 게 아니며, 또한 감사하는 마음을 잊은 것도 아니다. 나는 무용한 일에 시간을 빼앗기고, 불필요한 일에 마음을 곤두세울까 봐 염려되어 이야기하는 것이다. 한편 출판사들이 우리가 저술한 책의 출간에 전략적 변화를 주어, 결과적으로 이 책들이 대량 소비의 산물 내지 판매 증가용의 품목 대상으로 전락할 위험이 엄중히 도사리고 있다. 책 판매를 위해 출판사들은 저자들을 인기 스타로 삼으려 한다. 우리가 대규모 대중 속에 들어가 그들에 영합하려는 성향은 위험하기 짝이 없다. 경험이 풍부해지고 더 이상 허영에 별달리 집착하지 않는 노년에 이르면 충만한 자유에 접근했다는 느낌을 받는다. 영예에 관해서 말하자면, 그것을 받는 당사자는 그 반대 급부로 자신의 한계를 뛰어넘으려는 열정적이고 조금은 강인하며 긴장된 마음 상태를 견지해야 한다.

14

텔레비전

동시대의 많은 지식인들과 마찬가지로 나는 텔레비전에 대한 불만이 많다. 나는 텔레비전을 불청객으로 간주하였다. 텔레비전은 내가 강좌나 음악 감상 및 친목적 교제에 유보해 두고자 한 상당히 광범위한 영역과 시간에 걸쳐 은밀히 침투할 위험이 있었다. 나는 텔레비전이 나에게 영향력을 미치기 이전에 먼저 텔레비전을 위해 작업을 행해야 할 것 같았다. 내가 처음으로 피에르 뒤마에의 권유를 받은 것은 1972년이었다. 뒤마에는 서기 1000년에 대한 방송을 계획하고 있었고, 우리는 루에르그와 푸아투 사이에 위치한 로마 교회들을 매우 즐거운 마음으로 탐방하였다. 그렇지만 이 작업에서 나는 단순한 보조의 역할을 맡았고, 피에르가 진행을 주도하였다. 얼마 후 텔레비전을 활용하여 무한정의 대중과 접할 기회가 마련되었다. 로제 스테판이 이를 제안하였다. 제작자 롤랑 다르부아를 끌어들인 그는 콜레주 드 프랑스에 와서 "나는 《성당의 시대》를 읽었고 이 책을 이미지로, 움직이는 이미지로 형상화하길 원합니다"라고 말했다. 그는 자금과 채널을 확보하고 9개의 일화를 시리즈물로 기획하였다.

나는 두 단계의 준비 과정에 직접 참여하였다. 촬영 장소로 출발하기 전 나는 전체 계획을 마련하고, 방송 사이에 촬영 일정을 조정하며 미셸 알바릭과 함께 배경 음악을 선택하였다. 그리고 촬영 장소를 기획하는 본질적인 부분까지 내가 떠맡았다. 이에 대해 결과적으로 나는 **많은 사람들**에게서 찬사를 받았다. 세밀한 부분까지 소홀히 하지 않으려 노고를 아끼지 않은 결과 예술 작품들을 재발견했다는 자부심을 느낄 수 있었다. 카메라는 전혀 상상치 못한 앵글로 화면을 잡았다. 게다가 이 작업은 내가 전혀 깨닫지 못한 많은 이미지들을 담아 주었다. 내부의 가재들을 모두 치우자 교회의 중앙홀(nef)이 온전한 모습을 드러냈고, 유리창을 담기에 충분한 정도의 높은 위치에서 촬영할 수 있도록 발판을 높였다. 그 결과 내가 결코 보지 못했던 색채와 형상을 필름에 담을 수 있었다. 나는 테이블에 올라가 첨가할 부분과 삭제할 부분을 판단하였고, 순서를 바꾸기도 하였다. 나는 동시에 내 자신이 말하게 될 구체적 설명 내용을 작성하였다. 나는 예전 시대와 은밀한 교감으로 전율하는 나의 감정이 있는 그대로 전달됨으로써 우리의 작업이 더 찬탈할 만한 것이 되기를 원하였다. 이미지를 곁들여 이야기를 생생하게 전달하니 시각적 전달에 만족했던 로제 스테판의 작업과는 현저히 판이하게 전혀 새로운 책을 저술한 것 같은 효과를 가져왔다. 내가 알베르 스키라를 위해 저술한 후 15년 동안 전력을 다해 기울인 노고가 단순한 작업이 아니라 진정한 창조였다는 증거가 바로 여기에 있다.

이것은 또한 전문 역사가가 텔레비전을 활용할 방도를 제시해 주는 것으로 보인다. 역사가는 책에만 만족하여 이 효율적인 의사 전달의 도구를 아마추어에게 양보해선 안 된다. 이런 도구를 적절히 활용하면 역사 강좌의 청중이 무한히 확대될 수 있다. 결과적으로 나는 많은 편지를 받았다. 사회의 심층부 곳곳에서 보낸 편지도 적지않았다. 농민들과 종교인들도 편지를 보냈다. 길거리에서 마주친 행인들은 이 시리즈물이 너무 늦은 시간대에 방영되지 않도록 힘을 써달라고 요청하였다. 이들은 자녀들이 이 프로를 보았다는 사실에 만족해했다. 그러나 한편으로 이 매체를 활용할 때 나타나는 제약을 발견할 수 있었다. 왜냐하면 전달할 내용이 극히 간략하여 시청자들의 눈길을 끌려면 메시지에 집중하고, 이를 도식화하며, 특정한 면을 강조하지 않을 수 없었기 때문이다. 그토록 많은 비용을 투여하고, 상당량에 걸쳐 상세하게 준비된 성과물이 표면적으로만 전달되는 우려를 지울 수 없었다. 우리는 짧은 순간의 방영을 위해 작업을 벌인 셈이고, 우리의 노고의 상당 부분이 빛을 발할 수 없었다. 비록 우리가《성당의 시대》에서 제시하고 말한 것이 나를 놀라게 할 정도로 큰 반향을 일으켰다 하더라도 이러한 미흡한 심정을 지울 수 없다. 일단 한번 방영되고 난 이후로는 사람들이 책 등의 이면적 매체를 통해서만 내용을 접할 수 있기 때문에 영향이 확대될 여지가 별로 없었다. 문화의 중심축에 자리잡은 매우 한정된 대중이 문화 영역을 확장할 수 있어야 하는데, 폴란드 · 보헤미아 · 헝가리의 경우 10년 정도가 경과하면서 영향력이 확산되는 기미를 엿볼 수 있었다. 궁극적으로 나는 역사가가 자신에게 요구되는 헌신적 임무를 행하고, 그의 인식을 효율적으로 전달하기 위해 전문가들의 견해를 전적으로 수용해야 한다는 점을 이해했다. 제작자는 그냥 되는 게 아니다. 텔레비전 시청자들의 주의를 끌기 위해 영상을 만들고 합성하며 시나리오를 작성하는 일, 그리고 다양한 방식의 표현 솜씨를 익히는 일은 교수나 연구자 혹은 작가의 작업보다 상당히 오래 걸리고 섬세함을 요한다. 역사가는 이러한 연구의 결실이 자신이 기대한 것에 부응하지 못하거나, 심지어는 그릇될 수 있음을 인정할 준비가 되어 있어야 한다.

동시대의 역사, 영상 속에 흔적을 남기고 있는 최근 사건을 텔레비전에 담는 일은 상대적으로 수월하다. 반면 오랜 과거의 이미지를 포착하는 일은 훨씬 어려운 문제를 안고 있다. 나는 극히 일부 이미지만을 알고 있다. 《부빈의 일요일》을 영상, 그것도 대규모 영상에 담는 일은 지극히 어려웠다. 먼저 세르주 줄리가 시나리오를 작성하였다. 우리는 둘 다 전심으로 이 작업에 임했지만, 또한 극복하기 어려운 장애에 직면하였다. 이번에는 장식의 배열 문제보다 참여자들의 행위나 발자취를 말하는 과제가 우리 앞에 놓여 있었다. 우리가 그들의 정치적·군사적 활동을 알지 못하고 그들의 믿음이나 의혹을 추측할 수밖에 없으며, 그들이 무엇을 먹었는지 하는 정도만 알고 그들이 활용한 언어를 확고히 재구성할 수도, 삶에 관한 가장 일상적인 것조차 알 수 없는 사람들을 어떻게 그 장소에 살아 있는 코미디언처럼 재현해 낼 수 있겠는가? 존엄왕 필리프가 말에서 내릴 때 어떤 동작을 취했고, 부빈의 전투일 아침 어떤 자세로 덩어리 빵을 먹었으며, 또 여자들을 어떻게 다루었는지 하는 점들에 대해 드파르디유가 나에게 물었을 때 뭐라고 대답해야 했을까? 또 독자들이 조금이나마 알고 싶어할 플랑드르 백작부인 잔에 대해서는 어떻게 묘사해야 할까? 누구를 그 배역으로 선택해야 할까? 나스타샤 킨스키가 적합할까? 시대착오적이라는 느낌을 주는 배역에 적절한 인물은 누구일까? 나는 《서기 1000년》을 영상화한 매우 명석한 영화인인 장 도미니크와 라로슈푸코에게 간섭하다시피 조언을 해주었다. 그는 내 말에 끝까지 귀기울여 주었다. 하지만 돌이켜 생각해 볼 때, 내가 제공했던 정보가 얼마나 단편적이고 부정확했는지 얼굴이 붉어질 지경이다. 이토록 어려운 점이 많고 결과는 실망스러워서 우리가 과거의 문화와 사회에 대해 갖는 사고들이 화면으로 적절히 전하기 위해서는 언어나 소품, 담백한 표현 방식을 만들어 내지 않으면 안 되었다. 왜냐하면 이런 형태나 언어는 더 이상 존재하지 않기 때문이다.

또한 수년 후 모리지오 카스카빌라와 함께 《토질의 특성》이라는 비교적 짧은 시리즈물을 만들었을 때, 우리는 카스카빌라가 도처에서 찍어 놓은 찬란한 영상들이 스스로 말하도록 하기로 결정하였다. 우리는 농업이 생성된 이래 발전해 온 방식과 동시에 세대를 거듭하며 거듭되어 온 농민들의 피땀어린 결실과 농촌 풍경을 제시할 계획이었다. 이러한 농촌 풍경은 시토 수도회 건물들과 마찬가지로 형태와 기능면이 조화를 이루어 완벽한 생산 수단으로 기능하였으며, 현재도 그 아름다운 자색을 뽐내고 있었다. 우리는 현재의 훼손된 상태의 모습을 일부 유럽 지역에 잔존한 전통적인 농촌 삶과 관계지어 이를 제시하고자 했다. 우리는 텔레비전 시청자가 시청하면서 나름의 매력을 발견하고, 그럼으로써 현재에 완전히 훼손되지 않은 것을 보존하려는 마음이 들기를 원하였다. 이를 위해서는 모든 피상적인 것을 제거하고, 설명을 괜히 수다스럽게 하여 집중력이나 즐거움이 반감되지 않도록 경계해야 한다고 생각했다. 화면 내용에 정확을 기하고, 관심을 환기하거나 간혹 설명을 요하는 대목에서만 이야기를 첨가하는 데 그치도록 하였다.

＊
＊＊

　정보의 대중화로 인해 생각보다 많은 대중이 활동 사항이나 가벼운 오락 이상의 것을 텔레비전에서 기대한다는 사실을 확신한 나는 문화적 색채가 강한 프로그램 제작을 열정적으로 준비하였다. 프랑스 대통령은 1985년 여름, 텔레비전 프로그램 편성협회인 셉트(SEPT)를 설립하는 결정을 내렸다. 그는 자신의 요청에 부응하여 우리가 미래의 지식 창출에 관한 몇몇 방안을 제시한 것에 감사하러 콜레주 드 프랑스에 왔을 때 이 계획을 발표하였다. 이 방안 중 하나는 사실상 텔레비전 매체의 교육적 활용 가치에 관한 것이었다. 나는 이 협회에 들어갔으며, 얼마 지나서 협회장직을 받아들였다. 당시 출판회의에서 나는 나의 청사진을 세시했다. 그간 출판사들은 판매 신장을 위해 불가피하게 범용하고 대중적인 책들만을 고집해 왔다. 우리는 이러한 추세를 뒤바꾸고 싶었다. SEPT는 대종을 이루는 수동적인 독자들을 전체적으로 동일하게 상대하기보다는 관심이 다른 여러 부류의 사람들에게 그들 각각이 기대하는 바에 부응하는 시청 내용을 제시하고자 하였다. 우리는 또한 상당수 문화적 개념들이 안고 있는 퇴행적 어감들을 억제할 필요성을 느꼈다. 예컨대 엘리트주의, 게토, 현학자적 태도들을 지양하고자 하였다. 창작 문서(우리는 이 자료들을 곧 폐기될 위험으로부터 구하였다) 못지않게 어쩌면 그 이상으로 허구적인 수식이나 장관에 의미를 부여하고자 하였다. 제작자, 특히 좀 더 젊은 사람들, 영화인들, 저술가들에게 자유로이 작업에 임할 수단을 제공하며 고문서에서 잊혀진 거장의 저술을 발굴하고 텔레비전용 '고전' 선집을 마련하는 일에 착수하였다. 문화란 무엇보다 질이고 엄격성이며 다음으로 진보의 발자취임을, 그리고 자신의 눈앞에 매혹적인 대상을 놓았을 때 이를 판단할 수 있다고는 여기지 않지만 그것들을 이해하고 음미하고 싶어하는 단순하고 소심한 사람들에게 사람들이 영예를 부여한다는 사실을 우리는 확신하였다. 몰리에르 · 모차르트 · 비스콘티 · 루슈가 그러했다. 게다가 우리는 유럽 전역으로 방영되는 텔레비전을 위해 이 프로그램을 준비하였다. 국경 너머에서 발생했고, 그런 이유로 그간 무시되어 온 것에 프랑스인들의 관심과 참여의 길을 열어놓는 심정으로 제반 작업에 임했으며, 더불어 프랑스 창조물의 진수를 다른 지역에도 알리고 싶었다. 이것이 우리의 목표였다. 미셸과 기, 그리고 나는 심혈을 기울여 이 목표에 이르고자 하였다. 그리고 이 작업이 후손에 의해 승계되기를 바랐다.

나는 **SEPT**가 축적한 기금, 기진맥진할 정도로 열정을 다해 학자와 문화인 협회에 고언을 아끼지 않은 고명한 전문가 집단에 자부심과 긍지를 표하지 않을 수 없다. 여기는 내가 자발적으로 상당 시간을 할애했던 활동에 대해 길게 말할 대목이 아니다. 내가 이 내용을 언급하는 이유는 이런 활동이 나 같은 역사가의 작업에 유익하다고 보기 때문이다. 나는 이 작업이 갖는 장점을 계속해서 공개적으로 말하고 다닐 것이다. 혹은 내가 우리들처럼 글을 읽거나 쓰는 저술가들이나 문예비평가와는 전혀 상이한 세계에 진입해 있다고 볼 수 있다. 제작자나 영화인들은 일시적인 목적으로 작업하는 경향이 있으며, 그들에게 돈이 갖는 의미는 우리의 경우와는 생판 다르다. 이들은 진정한 모험가들이라고 할 수 있다. 내가 조금은 더 원탁의 기사들에게 접근하게 되었다고 상상하려 하는 것인가? 크레티앵 드 트루아가 묘사한 랑슬로와 이뱅의 조금은 순진한 열정·방랑·호탕함 등 그들이 지녔던 태도 중 어떤 것들은 나에게 전혀 낯설지 않게 느껴졌다. 잠시 SEPT를 주관하면서 나는 우리와 동떨어진 것으로 여겨졌던 권력 내지 권한을 행사하는 위치에 놓였다. 나 자신이 적어도 매우 부분적으로 권한을 행사해 보면서 나는 권력이 어떤 방식으로 약화되고 수중에서 빠져나가 상실되는지를 느낄 기회를 가졌다. 그것이 결정되는 지점은 어디인가? 이양될 때인가? 조직 편성에 따른 형식적 권력 이면 어디에 권력의 실체가 존재할까? 내가 이미 언급한 대로 대학 사회는 많은 봉건적 요소를 담고 있다. 대학 행정권을 두고 치열하게 전개되는 권력 분쟁을 접하다 보면 문득 메로빙거 왕조의 양상과 별다를 바 없는 발자취를 엿볼 수 있다.

묘한 우연으로 내가 원치 않은 채 정치의 맛을 잠시 느껴 보았지만, 결과적으로 이 경험으로부터 새로운 역사를 서술하는 데 도움을 얻었다.

15

기욤 르 마레샬

이번에는 텔레비전이 아니라 라디오에서 '역사의 알려지지 않은 것들'이라는 제목으로 기욤 르 마레샬에 대해 말할 기회가 왔다. 내가 이 인물을 사람들에게 알린 지는 제법 오래되었다. 1145년경에 출생하여 1219년에 사망한 기욤은 영국의 섭정이었으며, 까닭에 매우 중요한 인물이었다. 그는 프랑스에서 생애의 전성기를 누렸지만 프랑스인들은 그에 대해 전혀 무지한 상태였다. 나는 당대의 인물 중에서 그에 관해 더 많은 것을 알고 있다. 그의 비망록 등 일부 자료가 우연히 보존되어 왔다. 그가 사망하자 그의 장남 겸 상속자는 고인에 대한 기억을 보존하기 위해 아주 탁월한 작가를 고용하였고, 이 작가는 30년간 기욤 르 마레샬을 그림자처럼 수종했던 시종을 탐문하여 2천 행에 달하는 시를 썼다. 우리는 여기서 기욤이 어떻게 마상시합에서 종횡무진 활약하고, 친구들과 술을 퍼마시며 고난 속에서 통탄해하고 귀부인을 예우했는지를 보게 된다. 사람들은 그가 말하는 걸 듣는다. 그는 살아 있다. 그에게서 결국 단지 이름으로만, 그리고 문서상에서 은밀히 확인되는 걸로 그치지 않는 한 기사를 발견하게 된다. 이에 조금은 거드름 피우고 꾀발랐던 이 인물을 상기해 보려 하였다. 일련의 편린들이 한 권의 책으로 엮어져 가는 모습을 보면서, 내가 이 미세한 것에서 얻은 내용을 개진해 나가는 즐거움을 만끽하였다.

최근에 사람들은 《부빈의 일요일》에서처럼 내가 '《아날》의 정신'을 저버렸다고 힐난하였다. 사실상 나는 마르크 블로크, 그리고 '위대한 인물'에 대한 서술을 꺼리지 않았던 뤼시앵 페브르의 최초 제자에 해당한다. 나는 이 경로에서 조금도 이탈하지 않았다. 내가 매우 중요한 것으로 인정하는 유일한 변화는 형태와 관련된 것이다. 나는 꿋꿋이 이야기에 충실하였다. 나는 역사를 이야기하였다. 나는 한 개인의 운명을 추적하였다. 하지만 나는 항시 역사-문제(histoire-problème), 역사-질문(histoire-question) 의식을 견지하였다. 봉건 사회란 무엇인가? 12년 전 나는 최초의 장엄하면서 예외적인 사건인 부빈의 전투에 대해 이야기했었는데, 이 저술은 전투의 영역에서 평범하고 일상적인 영역을 발견하기 위한 것이었다. 이번에는 내가 개인, 그것도 특출한 세계 선수권자의 행적을 관찰하였다. 나는 그것이 나의 관심을 끌기도 했지만, 특히 그가 이 세상에 남긴 요란한 수많은 행적의 발자취를 통해 기사와 기사도 일반에 대해 좀더 알게 되었기 때문에 이 12세기의 플라티니·타피와 같은 인물이 활약한 모습을 묘사하려 하였다.

게다가 뤼시앵 페브르는 나와 비슷한 생각으로 루터의 전기를 쓰지 않았던가? 나의 작업은 이보다 훨씬 수월한 일이었다. 이미 그의 전기 내용이 시구에 완벽히 나타나 있고, 또 미국의 석학인 시드니 페인터는 이 시구의 제반 오류를 시정하고 결여된 부분을 보충해 놓았다. 이 책은 무협 소설처럼 읽혀질 수 있다. 나는 민활한 즐거움을 느끼며, 그리고 아마추어 역사가들도 즐거움을 만끽하도록 서술해 나갔다. 그런 이유로 이 책은 가볍다는 느낌을 준다. 하지만 참으로 이 책은 《3위계》 못지않게 진지하고 가볍지 않은 읽을거리를 제공한다. 분명 근엄한 느낌은 덜하며, 이런 면에서 어떤 사람들은 속았다는 느낌을 받을 것이다. 하지만 나의 저술에 단호히 비판적이었던 독일 진영의 연구자들도 종국에는 이에 대해 호평하였다. 이 저술은 전문가만을 상대로 기술된 것은 아니다. 혹 전문가들이 좀더 명석한 최초의 수신인들이라고 할 수 있겠는데, 케임브리지대학의 한 강사는 나의 저술 중 《부빈의 일요일》과 더불어 《기욤 르 마레샬》을 인용한 바 있다.

시토 수도회의 미술과 마찬가지로 나는 한 기념비적 유물로부터 출발하였다. 왜냐하면 영웅들의 후예들 앞에서 불려질 목적으로 기사들에 대해 말하고, 그들의 용기를 덕행으로 고양시키기 위해 운율로 옮겨진 이 기다란 시는 장례 의례적 기념비이고 묘비에 해당하며, 런던의 신전기사단 교회 안 가족묘에 조각된 횡와상에 담긴 그에 대한 추억을 보완할 목적으로 마련되었기 때문이다. 이 기념비로부터 나는 기념비의 기능과 의미를 찾아보려 하였다. 부빈의 전설과 마찬가지로 나는 기억의 변형, 기억과 망각의 변주를 연구했으며, 역시 부빈의 경우와 마찬가지로 구체적 세목은 집단에 대해 알려 주는 것에 한하여 나의 흥미를 끈다. 책의 진정한 주제는 기욤이 아니라 기사도이고, 그것의 이상이며, 그것이 표명하는 가치이다. 또한 정치 체제인 '봉건제'가 우리의 주제이다. 이 구체적 세목을 검토해 보면, 그것의 제도적 기능이 논설이나 일반 문서들의 경우보다 명확히 드러나기 때문이다. 나는 여기서 전문가들에게 돈이나 명예와 관련하여 사회의 중추를 형성한 특정 양상과 같은 것으로 여겨진 것을 제시하고 있다. 나는 사례를 통해 그들에게 제시하였다. 이런 사례들은 이른바 봉건 사회에서 권력의 향배와 분배에 대해, 그리고 12세기의 귀족이 친족으로서의 의무, 주군으로서의 의무, 봉신으로서의 의무 등 뒤얽히고 종종 상충되는 의무를 진 채 어떻게 반역하거나 명예를 실추함이 없이 자신의 역할에 충실할 수 있는지에 관해 새로운 빛을 던져 준다. 궁극적으로 이 책은 사회사의 다음과 같은 핵심적인 두 문제를 이해하는 데 도움을 주리라고 믿는다. 전사들은 당시 어떤 생각으로 행동했을까? 또 전사들은 여성에게 어떠한 입지를 부여하였을까?

두 문제는 오래전부터 나의 관심사였다. 그렇지만 나의 연구 초기 단계에도 그랬던 것은 아니었다. 박사학위 논문에는 이 문제가 드러나지 않았고, 나는 그러하기를 주저하였다. 그러다가 논문 출간 얼마 후 내가 연구를 주도적으로 행하고 개인적인 관심사에 자유로이 시간을 할애할 수 있게 되었을 때, 이 문제들이 연구 프로그램의 중심으로 떠오르게 되었다. 이 계획을 시행하게 된 시점은 정확히 1955년으로 기억한다. 엑스대학 교수직에 있을 때 누린 여유로운 시간에 나는 학교측에게는 놀랍게도 나의 강좌 일부를 세미나 형식으로 진행하기로 결정했다. 이것은 당시로는 혁신적인 것이었다. 나는 학생

시절 리옹에서 앙리 마루가 이러한 시도를 행한 것을 본 이래로 이 생각을 늘 마음에 품어 왔다. 나는 나로부터 훈육받은 일부 젊은 교수들에게 내가 선택한 텍스트를 두고 공동으로 작업할 것을 제안했다. 그들의 관심사는 무엇일까? 예컨대 일부는 유증이나 묘소에 대하여, 또 다른 이들은 혼인에 대해 관심을 가질 것이다.

　내가 이 시점에서 취한 선택이 이미 언급한 바 있는 한 가지 사실을 크게 조명해 준다. 인문학 분야는 특정 순간에 호기심을 온통 전환시키는 감지되지 않지만 심원하고 불가피한 흐름에 의해 주도된다. 예컨대 그가 나의 존재를 무시한 것처럼 나 역시 그의 존재를 완전히 무시했던 필리프 아리에스는 나와 같은 시기에 같은 주제를 놓고 연구하였다. 하지만 내가 마음에 둔 지 40년이나 지나 계획을 추진하는 것 또한 상당히 의미 있는 일이다. 50년간에 걸쳐 추구한 연구의 일관성을 보여주는 증거라 할 수 있다. 그것은 전체의 한 부분을 구성한다. 생물학자들이 원줄기의 핵에서 비롯되는 세포 증식에 대해 말한 대로 연구의 점증적인 진척은 사실상 '프로그램화'된 것들이다. 이 원줄기에 해당하는 지침 역할을 한 것이 나의 최초의 저서인 박사학위 논문이다. 애초의 계획 속에 세 가지 축이 자리하고 있다. 하나는 나를 토지·농민·농촌으로 이끌었고, 다른 하나는 기사도·귀족·부빈·기욤 르 마레샬로 인도하였다. 셋째는 내가 최근에, 특히 《기욤 르 마레샬》에서 추적한 권리에 대한 고찰인데 역사가들은 동일 내용을 정치적 측면에서 고려하였다. 마지막 주제는 미비한 부분이 적지않다. 나는 일찍이 민족학에 대해 읽기 이전부터 사회사가 심성사 연구를 고려해야 한다고 생각한 이래 이 결여된 부분

을 인식하고 있었다. 당시 나는 꾸준히 이 결여 부분을 조합해 나가
는 작업을 벌이고 있었다. 매년 나는 관련 자료를 축적해 나갔다. 나
는 죽음과 성에 관한 정보들도 수합해 왔다. 결과적으로 나는 나에
게 염려거리였던 두 사회 집단에 신중히 한걸음씩 접근하였는데, 사
실 이들의 역할은 매우 중요하여 봉건 사회의 진정한 모습을 표상하
기 위해서는 결코 소홀히 될 수 없는 것이었다. 봉건 사회 제 요소에
대한 나의 연구는 궁극적으로 11,12세기 프랑스 북부의 망자와 여성
의 역할에 이르게 되었다.

16

친 족

1973년 콜레주 드 프랑스에서 3위계에 관한 세미나를 끝마쳤다. 나는 18년 전 엑스대학에서 개시한 주제를 연구하는 작업에 복귀하기로 결심했으며, 그때 이래 매주 '중세 그리스도교 사회에서 친족의 구조와 성'이라는 주제에 관해 작업을 벌였다.

나는 우연히 이 문제를 접한 게 아니었다. 나는 우선적으로 당시 다양한 인문학 전문가들, 특히 혈연 관계, 결연 관계, 식탁을 함께하는 사람들의 상호 관계가 원시 사회에서 제반 '생산 관계'의 국면을 구성한다고 여긴 마르크스주의 민족학자들이 제기한 문제들에 관심을 가졌다. 하지만 우리 사회는 가족의 전통적 틀이 깨지고 성행위가 급격히 '자유로워진' 모습이다. 이 주제는 해당 시기의 관심에 부응한 것이다. 필연적으로 현재의 동향과 소요는 역사가의 작업에 반향을 일으킨다. 설령 역사가가 이에 무관심하고 상아탑 안에 안주하려 할지라도 현재가 그를 붙들고 놓아 주지 않을 것이다. 나는 지금 이순간 고심하면서 세미나에서 다방면으로 다루어질 새로운 프로그램을 구축하는 중이다. 그리고 폴 베인은 여기에 자신의 견해를 제시하기로 동의하였다. 그리고 나는 종종 강의실 저 뒤편에서 푸코가 진지한 자세로 무언가 적는 것을 보았다.

첫 2년간에 인류학자들이 정규적으로 우리와 합류하였다. 우리는 이들의 도움을 절실히 필요로 하였다. 인류학자들은 우리가 활용한 어휘의 부정확성을 지적하며 이를 시정하고, 자신들의 지적에 부응하여 개념을 사용하도록 권고하였다. 인류학자들의 도움이 없었더라면 사실상 우리의 개념은 위험스럽게 부유하는 것이 되고 말았을 터였다. 그들이 우리에게 용례를 제시한 분류 방식을 우리의 텍스트들에 적용하였다. 개념 사용에 있어서 여러 가지로 신중을 기하지 않을 수 없었다. 왜냐하면 우리는 한 가지 이미지를 충실히 복원하고, 쉬제와 동시대의 기사들이 어떻게 자신의 조상·출계·여성과의 관계를 표상했는지를 제시하며, 또한 증거의 신선도가 떨어지지 않도록 각고의 노력을 기울여야 했기 때문이다. 이를 위해 종종 우리는 인류학자들의 개념을 선호하였다. 출계(lignage) 용어에 인류학자가 부여한 속성을 아는 데 그치지 않고, 우리는 당시에 사용된 개념이 크레티앵 드 트루아의 글에서 지녔던 의미를 보존하려 하였다.

어쩔 수 없이 우리는 최상위 사회 계층을 연구하지 않을 수 없었다. 우리의 연구는 역시 11,12세기에 초점이 맞춰졌다. 이 시대의 모든 저작물은 중심 교회나 제후의 궁정에서 비롯된 것이다. 이 자료 중 변변치 못한 가문의 친족이나 사랑에 대해 언급한 것은 거의 없으며, 여기서 발견되는 미소한 부분도 계급의 편견에 의해 상당히 변형된 모습이다. 결과적으로 발견 가능한 자료는 귀족에 관한 부분이다. 의심의 여지없이 대체로 유력자들의 가문이 사례가 되며, '훌륭한' 가문에서 시작된 행동의 모범들이 바로 하위층의 가문에서 모방되고, 이러한 경향은 좀더 하층부에 이르기까지 점차 확산된다. 그렇지만 결혼이나 상속 관행을 더욱 뚜렷이 고찰할 수 있는 대상은 영주 가문들이다. 따라서 우리는 먼저 뚜렷이 부각되는 정상에 위치한 가문들로부터 발견할 수 있는 것을 바탕으로 시작하여 좀더 자료가 모호한 하층부에 대해 탐색해 나가야 한다.

나는 준비 없이 이 새로운 영역에 맞닥뜨린 것은 아니다. 초창기 연구 시절 이래 나는 세습 재산이 상속되고 혈족이 분가되며, 고인을 추념하는 방식에 관한 선집과 고문서를 수집해 왔었다. 매년 고인이 된 가부장을 추도하는 미사를 보여주는 자료와 아내 몫의 지참금 체계에 관한 자료는 출계와 혼인의 성립 방식을 법률적으로 보여주고 있다. 하지만 이것은 추상적이고 도식적인 양태로서 현실적으로는 그대로 추종되지 않는 외면적 모습일 뿐이다. 그 이면에서는 어떠한 모습이 전개될까? 한 남자가 아버지가 손에 인도된 한 여성을 받아들일 때, 관습상 마을의 사제는 라틴어로 편린이나마 그 기록을 남겨놓았다. 이에 의하면 신랑은 여성을 좋아한다고 말하고, 그녀에 대한 사랑 때문에 자기 소유 재산의 3분의 1 내지 2분의 1을 부여한다. 이러한 표명 방식이 그에게 갖는 의미는 무엇이고, 또한 신부의 부친이나 남자 형제에게 갖는 의미는 무엇인가? 그리고 신부는 이에 따라 개인적으로 어떤 혜택을 입는가? 나는 법적 원리의 힘을 믿으며, 사회에 통용된 법을 알지 못하고는 한 사회의 역사를 제대로 알 수 없다고 생각한다. 나는 법제사가들의 저작물과 난해한 텍스트들에 대한 세심한 주해들을 활용하였는데, 특히 그들 중 일부는 선배들이 걸쳤던 붉은색 법복을 벗어던지고 인류학자들과 협력 작업을 하는 모험을 감행하였다. 하지만 이 시절의 법 규범들을 감지하기란 보통 어려운 게 아니며, 12세기 중엽 이전의 관습은 분명 보통 생각하는 것보다 훨씬 덜 엄격했을 터이다. 그리고 게다가 그것이 부과되는 범주는 어느 정도였을까? 설교나 회개의 내용, 모범으로 제시할 목적으로 작성된 성자 전기 등 우리가 주의 깊게 천착해 본 규범적 문서 어느것을 보아도 우리는 법규나 규범이 이들의 행동에 미친 영향을 측정할 방도가 없다. 모든 사회에서 도덕론자들이 마땅히 행할 것을 주장하는 것과 법전이 담는 내용, 그리고 특히 일반인들이 가장 은밀하고 가장 접근하기 어려운 성관계 영역에서 행하는 것 간의 괴리는 매우 크다. 이러한 글귀들을 덮어두고 그 이면에서 그것들이 감추고 있는 것에 이르기까지 들추어 내기 위해 우리는 덜 기만적이면서도 또 다른 방식으로 다른 측면에서 무언가를 드러내 주는 다른 자료들을 향하게 된다. 예컨대 일상적으로 경험하는 현실을 묘사해 주는 이야기나 연대기 혹은 시들이 이에 해당한다.

프랑스 북부와 발드루아르에서 12세기 중반부에 상당수의 군소 제후들은 가문의 영광을 기리기 위해 라틴어 수사학을 익힌 가문 출신 종교인으로 하여금 가문의 기원과 조상의 행적에 대한 기억을 장엄하게 기록하도록 하였다. 나의 탐색의 정확한 지침이 될 만한 전적으로 가내적인 이러한 가계문학에서 상당한 정보가 사라진 상황이다. 하지만 우연히 보존된 편린들은 매우 정확한 정보를 제법 담고 있다.

분명 송사의 문구들은 저작을 명령한 사람이 바라는 이미지대로 족
보와 조상의 행적을 기리고 있다. 그렇지만 여기서 가문의 특성이 드
러난다. 우리는 여기서 고증가들에 의해 재구성된 족보 그리고 후손
의 기억 속에 잔존한 것에 관해 발견하게 되는데, 이러한 발견들은
친족 관계 의식을 보여준다는 측면에서 매우 중요하다. 좀더 나중에
나는 풍성한 기사 이야기와 노래들을 탐색하는 모험을 감행하였다.
나는 당대인들이 사랑과 죽음에 대해 꿈꾸고 생각한 방식을 보여주
고 싶었다. 사람들이 텍스트들에서 감지하는 것은 사실 이러한 꿈들
이다. 동시에 그것이 나에게는 실제의 모습을 반영한다고 여겨졌다.
사랑의 실제 행태는 다른 어느 방면으로도 파악하기 어렵다. 다만 적
어도 문학 속에는 암시적으로나마 반드시 반영되어 있을 것이며, 독
자들에게 모방할 만한 모범적 사례들을 제시해 주는 이러한 자료들
은 성자 전기들과 마찬가지로 실제의 행동거지에 영향을 미치지 않
을 수 없었다. 다양한 방식으로 읽혀질 수 있는 이런 장르의 텍스트
들을 해석하기 위해서는 전문가들의 도움이 불가피했다. 나의 세미
나에서 많이 참석해 준 속어 문학사가들에게 감사와 경의를 표한다.

　게다가 좀더 포괄적으로 나는 다른 사람들의 저작물에 많은 관심
을 기울였다. 카를 호크·제르 텔렌바흐와 그의 제자들의 저술은 서
기 1000년경 프랑스 관련 사료들에서 귀족층의 친족 구조가 심원하
게 변화했었다는 뜻밖의 사실에 눈뜨도록 도와 주었다(나는 '혁신' 이
라 하지 않고 '뜻밖의 사실' 이라 했는데, 왜냐하면 역사가는 자신이 활
용한 문서의 형태에 영향을 미치는 변화들이 이 문서들에서 확인되는
변화와 정확히 동시대의 것인지를 확신할 권리가 결코 없기 때문이다).

나는 또한 엑스대학과 파리대학에서 나의 지도를 받았던 연구자들에게도 힘입은 바 크다. 자크 폴이 그 한 사례에 해당한다. 나는 수도사인 오르데리쿠스 비탈리스가 기록한 《역사》를 그에게 분석하도록 맡겼다. 그는 비탈리스의 이야기 속에서 뚜렷이 구분되는 계층의 사람들이 노르망디 사건들과 사회 관계 속에서 차지하는 위치에 주목할 것을 주문하였다. 이들을 가리키는 용어인 '젊은이(jeune)'는 성인이지만 미혼의 기사들을 지칭하는 말이었다. 나는 프랑스 북방의 여러 지역에서 발견된 다른 텍스트들을 검토하였다. 여기서 아직 안정되지 못한 남성들이 소란스럽게 소규모 무리를 지어 모험에 참여하는 모습을 보게 된다. 그리고 이들을 소재로 삼은 이야기꾼들과 음유시인들의 모험담이 청자들을 끌어들인다. 그렇긴 해도 기사문학은 이상화된 기사도의 외피 이면에서 폭력적이고 불안정한 무리들이 전리품과 여성을 획득하기 위해 벌이는 행동의 초상을 보여주고 있다. 내가 이러한 '젊은이' 중 한 명인 기욤 르 마레샬을 시구를 통해 재발견하게 된 것도 바로 이러한 시점에서이다.

결과적으로 나는 지방 사가들에게 조금씩 가능한 모든 자료를 천착하며, 루아르 강 북부 프랑스 지방에서 가문의 기억이 가문을 창립한 선조에 이르기까지 멀리 거슬러 올라가는 특출한 귀족층 가문들을 밝혀낼 것을 제안하면서 이러한 가문들이 상위 귀족층을 구성하는 것으로 보았다. 나는 카롤링거 가문을 모범삼아 각 귀족 가문들이 가부장을 중심으로 집결하며, 가부장은 자신의 장남에게 권리를 상속시키는 관행이 여러 지방에서 중첩적으로 나타나는 모습을 확인할 수 있었다. 세습 재산의 손상을 막고 가계가 분가되지 않도록 하기 위해 가부장은 딸 모두를 혼인시키는 데 주저하고, 아들 중 한 명에게만 합법적인 아내를 허용하는 정책적 노력을 기울였으며, 특히 이같은 남성 결혼의 제약으로 수많은 '젊은이들'이 출현하고 이들의 소동이 빈번히 빚어졌던 것으로 설명하였다. 이처럼 나는 혼인 관행이 중심축이 되고, 모든 가치와 신화 및 기사도 의례가 이 축에 바탕을 두는 구조가 정밀화된다고 보았다. 문서들은 이러한 구조가 10세기말에 나타나기 시작하여 도시 경제와 상업이 번창해 나가는 두 세기가 지난 시기까지 유포되어 나아간다는 것을 보여주고 있었다.

이상이 내가 검토했던 문서들의 정보에 가장 잘 부합되는 것으로 보이는 모습이다. 이 문서들은 단편적이고 모호하며, 그 중 일부에서 이와는 상이한 이미지가 나타나기도 하였다. 나의 것과는 상반되는 주장이 일부 제기되었다. 예컨대 지방사 연구자들은 여러 형제가 혼인할 수 있었던 가문들을 제시하였다. 이에 대해 나는 사회는 크리스털처럼 불가변한 구조가 아니며, 적절한 방법을 통해 규범에서 벗어나는 예외적 요소를 구분해 내는 것이 중요하다고 말하였다. 나는 매 시대마다 극도로 다양한 사회적 양상을 띠었던 라틴 그리스도교 세계 전체가 아니라 여러 구역 중 단 하나, 그것도 사회의 한 부분인 지배층에 한하여 설명했다는 점을 부가하고자 한다. 궁극적으로 나의 입장에서 이런 논지는 연구자들을 자극하기 위한 가설일 뿐이며, 연구자들이 이를 문제삼아 연구를 진행하고 어쩌면 나의 가설을 파기할 수 있기를 기대하였다.

나는 서서히 신중하게 논지를 전개해 나갔다. 사람들은 내가 반복하고 있다고 힐난하였다. 사실 나는 반복하고 있었다. 나는 콜레주 드 프랑스에 있는 관계로 주기적으로 연구 성과를 제시하고, 이러한 작업은 시정할 것은 시정하고 좀더 진척시킬 것은 그렇게 해나가며 논문을 더욱 충실하게 다듬어 나가게 된다. 그런 이유로 혼인의 역사를 다룬 저서를 두 버전으로 기술하였다. 영어로 씌어진 첫번째의 것은 볼티모어의 존스홉킨스대학에서 개최된 네 차례의 토론회에서 발표한 내용을 책으로 출간한 것이다. 프랑스어로 씌어진 두번째의 것에서는 글의 깊이와 분량이 더해졌다. 사실 우리는 2년간 텍스트들을 천착하는 세미나에서 이 방면의 연구 노선을 개척하는 적지않은 성과를 이루었다.

이 업적은 나의 연구 대상 시기인 11,12세기에 우리 사회에서 혼인 관행이 종교와 관련되었다가 분리해 나가는 방식을 보여준다. 이 저술은 당시 전사 집단의 혼인 모형과 성직자 집단의 혼인 모형이라는 두 모형간에 대립이 전개되는 양상을 묘사하였다. 이 책은 두 모형이 궁극적으로 조화를 이루게 된 양상과 이유 및 혼인 관행이 아주 서서히 세속화되는 양상과 관련된 논점을 제시해 준다. 이런 논지는 주위를 놀라게 했고, 나는 신랄한 비판 내용을 담은 편지를 여러 통 받았다. 사실 나의 주장은 혼인이 그리스도교 초창기부터 7성사의 한 부분임을 의심해 본 적이 없는 사람들을 곤혹케 했던 것 같다. 그리고 특히 그것은 함축적으로 성의 영역에 대해 한 가지 중대한 문제를 노정하였다. 성사의 주관자들은 사회 발전에 어떠한 영향을 주었을까? 기사와 성직자가 대립하였다. 그리고 그들 사이에 여성 문제가 놓여 있다. 이 문제에 대한 탐색으로 이 책을 끝맺고자 한다.

17
연구 계획들

내가 회고록을 쓰고 있는 바로 이 순간에 앞 문제에 대한 응답을 제시하려 한다. 내가 이 문제에 대해 관심을 가진 지 10여 년이 흘렀다. 나의 연구와 정보는 모두 이와 연관된 것이었다. 이 주제에서 내가 농민으로부터 귀족, 생산 도구와 상업으로부터 친족 관계, 이데올로기 체계로부터 꿈에 이르는 긴 탐구 여정의 종착역을 맞이한다. 게다가 우리의 눈에 역사의 시발 이래 확립되어 온 남녀 관계가 처음으로 완전히 역전되는 양상이 나타나는 현시점에서 이 문제를 다루는 데 다소 압박을 느끼지 않을 수 없다. 중세는 외면적으로 보이는 것처럼 남성주의적인가? 궁극적으로 인구 절반에 해당하는 여성의 관찰을 소홀히 할 경우, 내가 1950년대 이래 그들의 행적과 신념을 살피기 위해 연구 대상으로 삼은 주민들에 대해 어떻게 보편적이고 진지한 판단을 내릴 수 있겠는가? 내가 여성의 역사를 도외시한다면 오히려 그게 더 이상한 일일 것이다. 왜 그러한가?

내가 남자이기 때문인가? 전혀 그렇지 않다. 나는 가장 모호한 부분을 더욱 명료히 드러내려는 욕구를 항시 품고 있었다. 이 '미지의 영역'에 다다르기 전에 먼저 나는 상륙 지점을 탐색하고, 나의 수단들을 장착해야 한다. 이 시절의 여성들에 관해 왜곡되지 않은 증거는 거의 없다. 우리는 여성 자신의 목소리를 거의 접할 수 없다. 여성들에 대해 말하는 당사자는 역설적으로 남성들이며, 또 그 대부분이 원칙적으로 여성들과 거리를 두고 있던 종교인들이었다. 여성들은 우리에게 모습이나 실체를 드러내고 있지 않다. 중세사가들이 그나마 바랄 수 있는 것은 성직자들과 수도사들이 여성들에 대해 품었던 생각에 접근하는 일이다. 또한 당시 어느 정도 기만적 성격을 띤 교화적 내용을 담은 글이나 여흥을 위한 이야기들도 고려해 보아야 한다. 또한 허위적이긴 하나 근절할 수 없는 생각들, 그리고 과도한 열정에 관한 이미지들을 결합시켜 보아야 한다. 중세사가들이 일부 페미니스트, 그리고 다른 한편으로 잔 다르크나 알리에노르 다키텐에 심취한 사람들을 어떻게 다룰지 사람들은 궁금해한다. 그런 만큼 역사가 앞에 드리워진 장애는 적지않다. 나는 축적된 모든 자료, 그리고 진지하고 충분한 정보를 담은 여성의 역사를 미셸 페로와 함께 지도하면서 획득한 성과에 바탕을 두고 제반 탐색에 정확을 기하는 과정에 있다. 내가 이 마지막 단계에서 무엇을 발견해 낼 것인가?

**

이야기 말미에 나는 나와 같은 종류의 일에 종사하려는 사람들에게 눈을 돌리고자 한다. 이 일을 선택하고 내 옆에서 작업하며 미래에 대해 불안해하는 젊은이들에게 무엇이라 말할 것인가? 나는 오늘날 이 작업에 임하는 일이 우리 때보다 열악하다고 보지 않는다. 내가 연구를 시작한 1942년에는 대학에 조교 자리나 인문학 연구자들을 위한 **CNRS** 자리가 없었다. 또한 프랑스 전역에 걸쳐 대학에 총 19개 정도의 중세사 교수직밖에 없었고, 그나마 고문서 연구자들을 위한 것이었기에 우리가 교수가 될 기회는 훨씬 희박했다. 그런데 이보다 훨씬 암울했던 것은 연구 환경이다. 연구의 시발 이래 특권적 위치인 콜레주 드 프랑스에 자리잡는 영광스런 순간까지 편안한 마음으로 즐거이 연구할 수 있었을까? 거의 그런 것 같지 않다. 온통 나태와 선동 그리고 무력함으로 일그러지고 메마른 느낌으로 지낸 것 같다. 그리고 항상 긴장의 끈을 풀 수 없었다. 나는 시간의 흐름 속에 전개된 일들을 찬미하며, 리옹의 숲 속 강가에서 즐겼던 여유로운 행복과 봄의 사랑으로 넘치던 옛 시절을 항시 잊지 못할 추억으로 간직해 오고 있다. 하지만 20년에 걸친 콜레주 드 프랑스에서의 교수 시절 역시 포괄적이고 명철하며 평온하게 연구하고 **강의하는 학자**로서 존중받는 삶을 영위할 수 있었다. 공화국은 상황을 적절히 배치해 왔다. 공화국은 궁궐 속에 국가의 미래의 엘리트들을 머물게 했다.

나는 수치심 없이 엘리트에 대해 말한다. 나는 사실상 평준화된 사회가 활력을 잃는다고 본다. 평준화된 사회에서는 구성원들이 레비스트로스가 낭비콰라족을 방문했을 때 느낀 것처럼 수평적이고 무기력한 행복을 누릴 뿐이다. 그리고 대체로 지난 40년간 쇠약과 절망 상태를 겪은 동유럽의 경험이 확실한 사례이다. 어떤 경우에도 온전히 평준화된 사회는 특출한 역사를 표출할 수 없다. 그렇기에 나는 엘리트들이 카스트가 되어서는 안 된다는 전제하에 엘리트주의를 지지한다. 대학의 사명은 엘리트들을 형성하면서 대학이 갖는 폐쇄적 가능성을 회피하는 데 기여하는 것이다. 만약 대학 입학자 모두에게 그러한 문이 개방된다면 그 기능이 제대로 이루어질 수 있을 것이다. 1960년대에는 나행스럽게도 그 문이 거의 개방되어 있었다. 국가는 끊임없이 인구 전반에 걸친 일반 문화의 수준을 실질적으로 향상시켜야 한다. 따라서 대학은 대학입학자격시험 통과자 이외의 대다수 사람들에게도 공부할 기회를 제공해야 한다. 하지만 대학이 단순히 학위를 수여하고 평준화된 연구의 장이 되어야 한다는 주장은 경계해야 한다. 불가피한 민주화와 불가피한 엘리트 양성 간에 조화를 이루어야 한다. 필수적인 좀더 고차원의 영역이 방해받지 않도록 보호해야 한다. 우선적으로 저명한 교수진이 확보되어야 하는데, 왜냐하면 계서가 없이는 교육이 가능하지 않기 때문이다. 다음으로 학문의 진보가 이루어져야 한다.

따라서 대학 제도를 총체적으로 재편성할 필요가 있다. 나는 대학 자체를 혁신하는 것은 불가능하다고 판단한다. 대학의 혁신이란 오로지 당국의 법령 제정이라는 외부적 요인에 의해서만 가능하다. 대학의 집단 이기주의와 타성을 종식시키기 위해서는 많은 노력이 필요하다. 1960년대에는 드골이 이러한 저항을 깨뜨릴 수단을 갖고 있었다. 하지만 그는 그다지 신경 쓰지 않았다. 그때 이래 아무도 그와 같은 권력을 누리지 못하였다. 흥정과 기회주의적 태도로 인해 혼란은 가중되었다. 경쟁 내지 경합이라는 또 다른 치유책이 남겨져 있다. 그 누가 감히 각 대학에 온전한 자립권과 재정권을 부여할 수

있겠는가? 또한 어느 누가 변화에 무감각한 국립대학과 그 못지않
게 특권적인 사립대학들을 상대로 칼날을 들이댈 수 있을까?

　누가 감히 교수직의 권위를 박탈할 수 있겠는가? 모든 게 거래되
는 현 사회에서는 자금이 문제가 된다. 우리의 스승들은 금력에 의
거하지 않고 자신들의 의사나 변호사 친구에게 도움을 청하지 않았
으며, 그런 만큼 조소받지도 않았다. 나는 나의 일부 제자들, 박사들,
주변 사람들과 국가에 대해, 그리고 옛 소르본의 각 학과 강사들에
대해 생각해 본다. 또한 이들에 대한 평판을 알아보기 위해 외부인
을 초대했던 점도 상기해 본다. 이들의 급료는 **SEPT**에 속한 타이피
스트보다 나을 게 없다. 알베르투스 마그누스·토마스 아퀴나스·둔
스 스코투스 같은 대가들의 계승자들이 이처럼 대우받는 것은 적절
한 일이 아니다. 나는 이런 상황이 위험하다는 사실을 힘주어 말한
다. 나는 역사 공부를 하면서 교육 체제가 선망의 대상이 되지 못하
고 퇴락하는 순간부터 문명이 몰락하기 시작한다는 것을 느꼈다. 재
도약은 가능할 것인가? 프랑스뿐 아니라 유럽 전역에 걸쳐 대학 제
도는 우리가 늘 생각해 오던 것보다 훨씬 취약하고 퇴락한 것 아닌
가? 대학이 사회의 중추 역할을 했던 영광의 시절에 비해 좀더 솔직
히 훨씬 종속적인 위치에 놓이게 된 이래, 그리고 대학이 나머지 세
계에 더 이상 주춧돌 역할을 하지 못한 이래, 지금껏 그래 왔던 것처
럼 안락한 생활을 누리고 점잔이나 위세를 부리면서 진정한 예술가
와 학자를 배출할 수 있겠는가?

*
* *

　우리 연구의 미래상과 관련하여 일부 학자들이 표명한 대로 프랑스 역사학과의 쇠퇴를 어떻게 판단할 것인가? 약화의 흔적은 논란의 여지없이 감지된다. 학자들 사이에서 이념 논쟁은 3,40년 전보다 덜 활발하다. 이러한 하강은 부분적으로 이데올로기의 해체에 의해 설명된다. 하지만 또한 아날학파의 열정도 어느 정도 식은 상태이다. 아날학파가 전혀 반대에 직면하지 않은 좋은 시절도 있었다. '공식적인 추상화'가 존재하는 것처럼 구조주의라는 '특정 역사'가 존재할 정도였다. 하지만 여전히 활력은 남아 있다. 문제는 역사 연구가 더 이상 사람들이 익숙한 전통적 방식으로는 입지가 흔들릴 수밖에 없다는 사실에 있다. 오늘날 프랑스 중세사학자들이 국제학술회에서 빛을 발하고 있지만, 그렇게 된 것은 타인문학과의 긴밀한 접촉에 의해 '아날 정신'이 여러 학문들에 투여한 활력을 통해 개개 학문의 보조 학문으로서 기치를 내세우고 촉매제 역할을 수행한 결과이다.

　이처럼 중세사는 주변부, 특히 혁신적 성과를 보여주는 두 가지 분야로부터 자극을 받아 탄력을 얻고 있다. 우선 고고학이 그러하다. 오랫동안 정체되었던 고고학이 20년 전부터 프랑스에서 비약하게 되었는데, 여기에는 이 기간에 이미지들을 해석하는 데 일조하고 제 요소를 기호의 일부로서 취급할 수 있다고 보는 기호학의 연구 성과가 크게 작용하였다. 역사가들도 이를 활용하여 유물들이 기록들 못지않게 지금껏 이 도구들을 사용해 온 사람들의 삶에 대해 일깨워 주거나 적어도 암시해 준다는 사실을 인식하게 되었다. 대중들의 호감, 그리고 이에 따른 국가의 실질적 지원을 통해 이 학문의 영역은 계속해서 확장되었다. 고고학자들이 예전에도 기념비적 대상들을 소홀히 하지는 않았지만, 최근처럼 그들의 모든 관심을 이에 집중하지는 않았다. 새로운 건물 건설 과정에서 확인된 옛 도시 구역, 사라진 해자의 자리, 매우 오래된 공동묘지, 2세기 동안 밭의 꽃가루가 퇴적된 이탄 지역, 황무지, 아궁이 터에서 고고학자들은 인간 활동의 가장 미약한 흔적들을 발견하였다. 이들이 발견한 것은 무한히 소중하고 종종 당혹스러울 정도이다. 부정할 수 없는 발굴 유물들은 텍스트들에 기초해 세워진 일부 가설들을 무력화한다. 예컨대 11세기초 성채에 대한 언급이 극히 드문 반면 당시에 지어진 토성이나 '해자'가 분포되어 있었던 흔적은 상당히 많은데, 이 사실을 어떻게 처리해야 할까? 혹은 서기 1000년경 도피네의 호수 경계에 세워진 대규모 거관들이 들어선 장소들에서 군사 활동과 농업이 널리 행해진 것을 보여주는 증거가 발견되는 한편, 당대의 지식인들이 기록한 문서상의 증거 목록이나 설명에서는 고대로부터 확립되어 온 섭리를 통해 전사와 농민 간의 계층적 구분이 갑작스레 장치되었다고 하는데, 과연 이 문제를 어떻게 취급해야 할까? 우리가 연구를 재검토해야 할 이유가 여기에 있다.

최근에 관심이 증폭되고 있는 또 하나의 영역은 역사기술학, 다시 말해 기억의 분절과 수사학에 대한 집중적인 연구에 바탕을 둔 역사의 역사이다. 우리가 중세인의 과거에 대한 인식을 탐색한 지 25년 정도 지난 시점에서 우리는 신중한 자세를 견지하거나 어쩌면 회의

주의에 빠지는 성향이 있는데, 왜냐하면 사실 당시 선조들이 과학의
진보에 대해 상당한 확신이 있었으며, 그런 면에서 그토록 편견을 지
닌 우리 자신이 진실에 이를 수 있을까 하는 우려가 들기 때문이다.
이런 상황에서 우리는 '진실한 사실'을 엄폐하기를 거부하고, 내가
여성의 역사와 관련하여 말한 대로 기록을 남긴 인물들의 심성 속에
반영된 생각을 파악하는 데 만족하면서 증거들을 주요 연구 대상으
로 삼게 된다. 이와 동시에 접근 시각의 유익한 변화, 그리고 분석이
나 비판 방식을 조정할 필요를 인식한다.

　이러한 새로운 흐름은 역시 나에게도 영향을 미쳤다. 내가 이러한
방법론을 통해 나의 마지막 프로젝트 대상으로 삼고, 12세기의 남성
들이 밤에 어슴푸레한 방에서 자신의 쾌락을 위해 함께했으며, 그들
이 경멸감을 갖고 제어하려 애썼지만 한편으로 그들을 안절부절 못
하게 했던 여성들의 존재에 대해 그들이 생각한 바를 내가 탐색하고
설명하려 한다는 사실을 상기해 보라. 내가 남성의 영역과 여성의 영
역 사이에 드리워진 벽 안쪽을 충분히 엿보고, 어떤 그림자나 몸짓을
살피며 당시 여성들이 자신들끼리 행했던 것을 조금이나마 알아내
는 데 성공했다고 가정해 보자. 이렇게 상상해 보고 꿈꾸어 보자. 이
것이 나에게는 한 질문으로 남는다. 내가 나의 첫 연구 영역을 결정
하면서 수도사·성직자와 더불어 관심을 기울인 지 50년이나 우회해
온 문제이다. 이 질문은 내가 혼인의 역사를 연구할 당시 전면에서
다루지 않고 가볍게 스쳐 지나간 물음이다. 우리는 어떻게 우리의 습
관적 사고 습성이나 공통된 영역에서 벗어나 전통적 그리스도교 역
사를 되풀이하는 방식을 벗어나 봉건 사회 내지 '봉건제' 속에 교회,

훨씬 일반적으로 종교인들이라 불리는 사람들을 정당하게 자리매김할 수 있을까? 이 문제에 대해 본격적으로 다룰 시점이 되었다. 나 혼자만이 이 문제를 다루지는 않는다. 나는 항시 그랬던 것처럼 한 집단에 속해 작업해 왔고, 좀더 젊은 학자들에 둘러싸여 그들과 함께 나아갈 것이다. 그들은 이미 이 문제를 취급하고 있다. 그에 대해 답변할 기회를 갖게 될 사람은 내가 아니라 그들이다. 나는 여기서 마치고자 한다. 역사는 계속된다.

역자 후기

　수년 전 출판사로부터 뒤비의 책을 번역해 보지 않겠느냐는 제안을 받았다. 처음 이 책을 보고서는 책의 저자가 세계적으로 유명한 중세사가인 조르주 뒤비란 점과 뒤비의 학문적 회고록이란 점이 내 시선을 끌었다. 학문의 대선배가 학자로서 자신의 인생을 회고한 기록이란 점이 마음에 들었다. 위대한 선배 역사가의 학문의 여정이 모든 역사학도들에게 귀감이 된다는 생각에 번역하기로 결정하였다. 나는 곧바로 번역해 보겠노라 대답하였고, 겨울 방학을 이용하여 가벼운 마음으로 읽기 시작했다.

　하지만 막상 책을 읽으면서 전혀 예상치 못했던 문제에 부딪혔다. 처음 읽을 때는 전문 연구서가 아니어서 내용이 쉬울 것으로 예상하였는데, 점차 한 문장이 한 쪽을 넘어가는 복잡한 문장 구조의 장문들을 만나면서 난감한 느낌이 들었다. 점차적으로 내 연구실 바로 옆의 프랑스 문화과 교수의 도움을 받아 명확하게 이해하는 문장들이 늘어났다.

　가벼운 마음으로 시작했던 번역 작업은 또 다른 어려움에 직면하게 되었다. 갑작스러운 IMF 사태로 인해 굵직한 출판사들이 허무하게 무너지면서 이 책의 출판도 불투명해진 것이다. 학생들과 함께 읽으면서 어렵기도 했지만, 매력적인 중세사가의 학문 인생에 흠뻑 빠져 있던 나는 아쉽지만 잠시 책의 번역 작업을 중단하기로 하였다. 이후 나는 미국으로 안식년을 떠나게 되었고, 보스턴에서 마녀 사냥이라는 새로운 주제에 몰두하면서 한동안 이 책에 대해서는 잊고 말았다.

　그렇게 잊혀졌던 이 책의 번역 작업을 재개할 수 있었던 것은 전적으로 동문선의 신성대 사장님 덕분이다. 책의 번역 작업을 완전히 잊어버리고 지내던 어느 날, 갑자기 연구실을 방문한 사장님이 번역 재개를 격려하셨을 때 나는 미안한 마음을 금할 길이 없었다.

다시 번역 작업에 착수하면서 마침 조르주 뒤비의 저서들을 의욕적으로 번역해 온 최생열 선생을 알게 되었다. 번역을 빨리 마쳐 출간하는 것이 동문선 사장님에 대한 보답이 되겠다는 생각에, 나는 최생열 선생께 도움을 청하여 함께 번역 작업을 하기로 결정하였다. 서문과 제1장-6장, 그리고 이미 번역을 완료한 제10장을 내가 맡기로 하고, 나머지 제7-17장을 최생열 선생이 맡기로 하였다. 최생열 선생은 번역을 마치고 작년 여름에 초고를 내게 넘겼지만, 나의 게으름 때문에 이제야 번역 작업을 마치게 되었다.

오랫동안 인내하고 기다려 주신 동문선의 신성대 사장님과 최생열 선생께 진심으로 감사드린다는 말씀을 전한다.

뒤비는 기념비적인 박사학위 논문 〈11-12세기 마콩 지방의 사회〉에서 시작하여 시회경제사·전쟁사·여성사·심성사에 이르는 거의 모든 분야를 총망라하여 중요한 저작을 남겨 중세사의 대가로 우뚝 섰다. 더욱이 그는 프랑스 학자로서 최고의 명예인 콜레주 드 프랑스 교수가 되었고, 그의 저서들은 여러 나라의 언어로 번역되어 중세사를 공부하는 모든 학자들의 필독서가 되었다. 그는 텔레비전 방송에 출연하여 역사의 대중화에 크게 기여하였을 뿐만 아니라, 프랑스 텔레비전 방송위원회 위원으로도 활약하였다.

프랑스의 대표적인 중세사가로 20세기 서양 역사학계의 거인으로 우뚝 섰던 조르주 뒤비는 이제 가고 없다. 그러나 그가 남긴 탁월한 저작들을 통해 그는 영원히 우리 곁이 남아 있을 것이다. 그는 갔지만, 역사는 계속된다.

2005년 3월 노고단 언덕에서 백인호

색 인

《3위계: 봉건 제도의 상상적 세계
    *Les Trois ordres: ou, l'imaginaire du
    féodalisme*》 12,123,140,142,169
〈11-12세기 마콩 지방 사회 Société au
    XI et au XII siècles dans la région
    mâconnaise〉 86
《개선문 *l'Arc*》 116
《경제사회사 연보 *Annales d'histoire
    économique et sociale*》 20,22,23
고들리에 Godelier, Maurice 100
《고백록 *Confessions*》 8
《과거와 현재 *Past and Present*》 96
구이에 Gouhier, Henri 78
《궁정 연대기 *Annales royales*》 147
그람시 Gramsci, Antonio 99
《그리스도를 본받아 *Imitatio Christi*》
    120
그린 Green, Julian 121
글라베르 Glaber, Radulfus 43,44,125
기욤 Guillaume le Maréchal 13,51
《날 것과 익힌 것 *Le Cru et le cuit*》
    134
《남부의 평론집 *Cahiers du Sud*》 116
노라 Nora, Pierre 123,136
《농촌 경제 *l'Economie rurale*》 117,122
《농촌 연구 *Études rurales*》 94
다르부아 Darbois, Roland 159
단테 Dante, Alighieri 120
데니오 Déniau, Jean 9,10,17,19,23,25,26,
    46,72,73,146
델레아주 Déléage, André 51
도미니크 Dominique, Jean 163
《두 차례의 12월 *Deux décembre*》 137
둔스 스코투스 Duns Scot, John 185
뒤마 Dumas, Alexander 146

뒤마에 Dumayt, Pierre 159
뒤메질 Dumézil, Georges 134,141
뒤비 Georges, Duby 7,8,9,10,11,12,13,14,
    138
뒤프롱 Dupront, Alponse 112
드골 de Gaulle, Charles André Joseph
    Marie 184
드파르디유 Depardieu, Gérard 13,162
들라크루아 Delacroix, Ferdinand Victor
    Eugène 73
라로슈푸코 La Rochefoucault, François
    de 163
라르드로 Lardreau, Guy 98
라브리올라 Labriola, Antonio 99
《라블레 *Rabelais*》 108
《라블레의 종교 *La Religion de
    Rabelais*》 23
라첼 Ratzel, Friedrich 37
라캉 Lacan, Jacques 100
《라 플레야드 백과사전 *Encyclopédie de
    la Pléiade*》 112
《랑슬로 *Lancelot*》 148
레닌 Lenin, Nikolai 99
레비브륄 Lévy-Brule, Lucien 109
레비스트로스 Lévi-Strauss, Claude 94,
    100,103,130,183
로젠바인 Rosenwein, Barbara 68
《롤랑의 노래 *La Chanson de Roland*》
    148
루슈 Rouch, Jean 165
루이 7세 Louis VII 51
루이 16세 Louis XVI 64
르 고프 Le Goff, Jacques 91
르누아르 Renouard, Yves 19
르 루아 Le Roy, Emmanuel 101

르메를 Lemerle, Paul 90,92,95,127,130
《르 몽드 *Le Monde*》 76
리비에르 Rivière, Georges—Henri 94
마그누스 Magnus, Albertus 185
마루 Marrou, Henri—Irénée 72,97,171
마르크스 Marx, Karl 97,99,140,151
마사초 Masaccio 117
《마술사 왕 *Les Rois Thaumaturges*》
　23,37,108
《말과 사물 *Les Mots et les choses*》
　134
망드루 Mandrou, Robert 105,107,108
메이라수 Meillassoux 101
모스 Mauss, Marcel 101
모차르트 Mozart, Wolfgang Amadeus
　165
몰라 Mollat, Michel 19
몰리에르 Molière 165
《몽타이유 *Montaillou*》 135
뮈하임 Muheim, Emmanuel 126
미드 Mead, Margaret 139
《미발행 프랑스사 관련 선집
　*Documents inédits sur l'histoire de
　France*》 31
미슐레 Michelet, Jules 14,46,71,72,76
미테랑 Mitterand, François 137
바르트 Barthes, Roland 7,133
바슐라르 Bachelard, Gaston 100
발라르 Balard, Jean 116
발터 Walter, Gérard 136
베르너 Werner, Karl Ferdinand 124
베블런 Veblen, Thorstein Bunde 101
베인 Veyne, Paul 174
볼테르 Voltaire 72
볼프 Wolff, Philippe 19,20
《봉건 사회 *La Société féodale*》 23,26,
　37,108
《봉건제의 상상적 세계 *Imaginaire du
　féodalisme*》 140

《부빈의 일요일 *Le Dimanche de
　Bouvines*》 12,136,142,160,166,167
부샤 Bouchard, Caroline 68
부툴 Bouthoul, Gaston 109
브로델 Braudel, Fernand 13,14,18,94,107,
　129,130,134,151
브뤼엘 Bruel, Alexandre 31,32,33,47,50,
　57
블로크 Bloch, Marc 13,14,19,20,22,23,24,
　25,26,29,37,38,63,73,83,101,105,106,107,108,
　130,146,157,168
비스콘티 Visconti, Luchino 165
비올란테 Violante, Cinzio 145
비탈리스 Vitalis, Ordericus 178
사마랑 Samaran, Charles 112
《생세베르의 묵시록 *Apocalypse de
　Saint Sever*》 122
생시몽 Saint—Simon, Claude Henri de
　Rouvroy Comte de 72
샤를르봉 Charles le Bon 19
샤토브리앙 Chateaubriand, François
　René 72
샤푸르 Shapur 125
《서기 1000년 *L'An Mil*》 120,125,163
서던 Southern, Richard M. 13
《성 베르나르: 시토 수도회의 예술 *Saint
　Bernard: L'Art Cistercien*》 122
《세계경제사 *World Economic History*》
　94
세르 Serres, Michel 76
세잔 Cézanne, Paul 10
소비 Sauvy, Alfred 69
슈나이더 Schneider, Jean 19
슈펭글러 Spengler, Oswald 97
스키라 Skira, Albert 12,115,116,121,122
　125,136,160
스탕달 Stendhal 72
스테판 Stephane, Roger 116,159,160
시바 Chiva, Issac 94

《아날 *Annales*》 14,26,94,99,101,106,112,
129,136,151,152,154,168
《아날. 경제, 사회, 문명 *Annales.
Èconomies, Sociétés, Civilisations*》
107
아롱 Aron, Raymond 99,130
아르테벨데 Artevelde, Jacob van 19
아리에스 Arrières, Philippe 171
아바스 Abbas, Fehrat 148
아우구스티누스 Augustinus, Aurelius
8
아퀴나스 Aquinas, Thomas 185
알바릭 Albaric, Michel 160
알타브 Althabe 101
알튀세 Althusser, Louis 98,101
앙리 2세 Henri II 118
앨릭스 Allix, André 21,105
에른스트 Ernst, Max 115,141
에스피나스 Espinas, Georges 19
에이크 Eyck, Hubert Van 117
엘레 Heller, Clemens 106
엥겔스 Engels, Friedrich 100,141,151
《역사의 꿈 *Il sogno de la storia*》 98
《역사하기 *Faire de l'histoire*》 123
오모 Homo, Léon 72
오제 Augé 101
우르바누스 2세 Urbanus II 146
《원시 정신 *La Mentalité primitive*》 109
월롱 Wallon, Armand 96
위고 Hugo, Victor 110
위그 카페 Hugues Capet 120
윌슨 Wilson, Charles 94
《유럽의 성당들 *L'Europe des
cathédrales*》 125
자코메티 Giacometti, Alberto 115
잔 다르크 Jeanne D'arc 182
《전사와 농민 *Guerrier et paysans*》 95,
99,101,147
제니코 Genicot, Léopold 145

주네 Genet, Jean 117
줄리 July, Serge 162
줄리아 Juillard, Étienne 21
《중세 서양의 농촌 경제와 농촌 생활
방식 *L'Économie rurale et la vie des
campagnes dans l'Occident médiéval*》
11
지에츠토르 Gieysztor, Alexander 145
지오노 Giono, Jean 137
카스카빌라 Cascavilla, Maurizio 163
칼뱅 Calvin, Jean 133
캉주 Cange, Charles du Fresne,
Seigneur du Cange 56
컨스터블 Contable, Giles 145
코르디에 Cordier, Stéphan 116
콩비에 Combier, André 8
크레티앵 Chrétien de Troyes 166,174
《클뤼니 수도원 특허장 선집 *Recueil
des chartes de l'abbaye de Cluny*》
31,41,64,68
키폴라 Cipola, Carlo 94
텔렌바흐 Tellenbach, Gerd 177
토마스 아 켐피스 Thomas à Kempis
120
《토질의 특성 *Le Génie de la terre*》
163
《툴루즈의 상업과 상인들 *Commerce et
marchands de Toulouse*》 20
티에리 Thierry, Augustin 45
페랭 Perrin, Charles Edmond 9,26,27,28,
31,38,51,90,91,115,116,146
페로 Perrot, Michel 182
페루 Perroux, Françoise 131
페브르 Febvre, Lucien 14,22,23,73,86,
101,105,106,107,108,113,116,130,131,146,
151,168
페인터 Painter, Sydney 169
《펠리페 2세 시대의 지중해와 지중해
세계 *La Méditerranée et le monde*

méditerranéen à l'époque de Philippe
　II》 129
포르 Faure, Edgar　95,137
포체 Faucher, Daniel　94
포티에 Fawtier, Robert　13
폴 Paul, Jacques　178
폴라니 Polanyi, Karl　101
푸코 Foucault, Michel　7,100,130,133,175
《프랑스 농촌사 Histoire de la France
　rurale》 95
《프랑스 농촌사의 근본적 성격 Les
　Caractères originaux de l'histoire

rurale française》　23,38
《프랑스사 Histoire de France》 86,137
《프랑스 형성의 30일 Trente journées
　qui ont fait la France》 136
프로에 Prawer, Josuah　145
프루스트 Proust, Marcel　108
프리드리히 2세 Friedrich II　125
프리드만 Friedmann　97
피렌 Pirenne, Henri　13,19,101
피콩 Picon, Gaetan　115
호크 Hauck, Karl　177
힐턴 Hilton, Rodney　96,145

백인호
서울대학교 인문대 서양사학과 졸업
프랑스 낭트대학교 역사학 석사학위
파리1대학 프랑스 혁명사연구소 역사학 박사학위
미국 하버드대학교 옌칭연구소 초빙연구원 역임
현재 서강대학교 사학과 교수로 재직
논문: 〈프랑스혁명기 혁명력 2년의 비기독교화 운동〉
저서: 《창과 십자가: 프랑스혁명과 종교》
《역사상의 국가 권력과 종교》(공저) 《오늘의 역사학》(공저)
역서: 《프랑스 혁명의 문화적 기원》

최생열
서강대학교 사학과 졸업
고려대학교 대학원 서양사학과 졸업, 문학박사
역서: 《전사와 농민》 《부빈의 일요일》 《이슬람이란 무엇인가》
《고대 세계의 정치》 《믿음에 대하여》 《종교에 대하여》
《역사란 무엇인가》 《철학이란 무엇인가》 《성서란 무엇인가》 《역사철학》

역사는 계속된다

초판발행 : 2005년 4월 20일

東文選

제10-64호, 78. 12. 16 등록
110-300 서울 종로구 관훈동 74
전화 : 737-2795

편집설계 : 李姃昊

ISBN 89-8038-532-3 94900
ISBN 89-8038-000-3(세트 : 문예신서)

東文選 文藝新書 241

부르디외 사회학 이론

루이 핀토
김용숙 · 김은희 옮김

부르디외가 추천한 부르디외 사회학 해설서

본서는 수년전 부르디외가 한국을 방문하였을 적에 그에게 자신의 이론을 가장 잘 해설한 책을 한권 추천해달라고 부탁해서 한국 독자들에게 소개하게 된 책이다.

저술의 원칙이 되는 본질적인 행위들을 제시하고, 지성적 맥락을 재구성하며, 인류학이자 철학적인 영역을 명시하는 것이 루이 핀토의 글이 갖는 목적으로, 그의 연구는 단순한 주해서를 넘어서서 이러한 저술이 제안하는 교훈을 총망라한다.

피에르 부르디외의 이론은 결코 객관주의나 과학만능주의가 아니며, 관찰자의 특권을 중시하는 과학적 실천의 중심부의 성찰을 함축한다. 그의 이론은 사회 세계나 우리 스스로에게 향한 우리의 시각을 변화시키는 지적 수단을 제공하고 있다. 이런 의미에서 그의 이론은 개인적이자 보편적인 사물들을 파악하게 하고, 우리가 하는 유희와 그 이해 관계, 그리고 모르던 것을 인정하는 데 필요한 저항들을 이해하는 데에 도움을 주는 사회 분석의 작업이다.

사회 질서는 심층에 묻힌 신념들과 객관적 구조를 따르므로, 사회학은 사회 세계의 정치적 비전을 반드시 갖고 있다. 사회학은 우리에게 유토피아 정신과 질서의 사실적 인식을 연결하는 것을 가르쳐 준다.

사회학자이자 철학자인 루이 핀토는 국립과학연구소(CNRS)의 소장직을 맡고 있다. 그의 연구는 언론, 문화, 지성인과 철학 등을 다루고 있다.

東文選 文藝新書 196

상상의 박물관

앙드레 말로

김웅권 옮김

앙드레 말로의 예술 평론서들에 대한 평가는 찬반이 엇갈리는 측면이 있지만, 웬만한 미학 관련 서적이라면 그를 인용하지 않는 경우가 드물다는 사실이 그의 독창적인 업적을 웅변적으로 말해 준다.

19세기에 어떤 사람들은 예술에 대한 고찰을 시도했고, 그 고찰은 우리에게 무언가를 계시해 주고 의미를 함축한다. 우리는 그들이 우리와 마찬가지로 동일한 작품들에 대해 말하고 있고, 그들이 이용한 참고 자료는 우리가 이용하는 참고 자료와 같다고 생각한다. 그런데 그들은 1900년까지 무엇을 보았던가? 그들이 본 것은 두세 곳의 박물관과 유럽이 남긴 걸작들 가운데 빈약한 양의 사진이나 판화 또는 복제품이었다. (…) 오늘날 대학생은 대부분 컬러 사진 복제품인 훌륭한 작품들을 가질 수 있다. 그는 또 사진 복제품을 통해 이류의 많은 그림들, 오래된 고대의 예술들, 먼 옛날 콜럼버스 발견 이전의 인도와 중국의 조각 작품들, 일부 비잔틴 미술품, 로마의 벽화들, 원시적이고 대중적인 예술들을 만날 수 있다. (…) 우리는 우리의 불확실한 기억을 보완하기 위해, 가장 큰 박물관이 소장할 수 있는 것보다 더 많은 의미 있는 작품들을 간직하고 있다.

왜냐하면 상상의 박물관이 열렸기 때문이다. 이 상상의 박물관은 실제 박물관들이 불가피하게 강제한 불완전한 대면 비교를 궁극적 한계에 부딪치게 만든다. 그것은 조형 미술이 실제 박물관들의 부름에 부응하면서, 그 나름의 인쇄술을 발견함으로써 가능했던 것이다.

독자는 말로가 전개하는 사색의 바다를 유영하면서, 시대적으로 기술되는 미술사 책에서는 전혀 맛볼 수 없는 새롭고 경이로운 예술의 섬에 도착할 것이다.

東文選 文藝新書 127

역사주의

P. 해밀턴
임옥희 옮김

역사주의란 고대 그리스로부터 현대에 이르기까지 어떤 형태로든 존재해 왔던 비판운동이다. 하지만 역사주의가 정확히 의미하는 것은 무엇인가? 이 명료한 저서에서 폴 해밀턴은 역사·용어·역사주의의 용도를 학습하는 데 본질적인 열쇠를 제공한다.

해밀턴은 과거와 현재에 있어서 역사주의에 주요한 사상가를 논의한다. 그는 독자들에게 역사주의와 관련된 단어를 직설적이고도 분명하게 제공한다. 역사주의와 신역사주의의 차이가 설명되고 있으며, 페미니즘과 탈식민주의와 같은 당대 논쟁과 그것을 연결시키고 있다.

《역사주의》는 문학 이론이라는 때로는 당혹스러운 분야에 익숙하지 않은 학생들이 반드시 읽어야 한다. 이 책은 이상적인 입문 지침서이며, 더 많은 학문을 위한 귀중한 기초이다.

《역사주의》는 독자들에게 필요한 지식과 배경과 이 분야의 연구에 적용할 수 있는 어휘를 제공함으로써 이 분야에 반드시 필요한 입문서이다. 폴 해밀턴은 촘촘하고 포괄적으로 다음을 안내하고 있다.

· 역사주의의 이론과 토대를 설명한다.
· 용어와 그것의 용도의 내력을 제시한다.
· 독자들에게 고대 그리스로부터 현대에 이르기까지 이 분야에서 핵심적인 사상가들을 소개한다.
· 당대 논쟁 가운데서 역사주의를 고려하면서도 페미니즘과 탈식민주의 같은 다른 비판 양식과 이 분야의 관련성을 다루고 있다.
· 더 읽을거리를 제공하는 참고문헌을 포함하고 있다.

東文選 文藝新書 129

죽음의 역사

P. 아리에스

이종민 옮김

지구상에 존재하는 모든 피조물은 시작과 끝이라는 존재의 본원적인 한계성을 지니고 있다. 인간 역시 이러한 자연의 법칙에서 결코 벗어날 수 없는 한계성을 인식하고 있다. 그러나 인간 존재의 시작을 의미하는 탄생에 관해서는 그 실체가 이미 과학적으로 규명되고 있지만, 종착점으로서의 죽음은 인간들의 끊임없는 연구와 노력에도 불구하고 오늘날까지 이렇다 할 구체적인 모습을 드러내지 못하고 있는 것이 현실이다. 이유는 간단하다. 과학적으로 죽음이라는 현상 자체는 규명되었다 할지라도, 그 이후의 세계는 어느 누구도 경험하지 못한 때문일 것이다. 물론 죽음이나 저세상을 경험했다는 류의 흥미로운 기사거리나 서적 들이 우리의 주변에 널려 있는 것은 사실이지만, 이는 어디까지나 임사상태에 이른 사람들의 이야기일 뿐 실지로 의학적으로 완전한 사망을 토대로 한 것은 아니다. 말하자면 진정한 죽음의 상태를 경험한 사람은 존재치 않기 때문에 죽음은 더욱더 우리 인간들의 호기심과 두려움을 자극하는 대상이 되고 있을지도 모른다.

아무튼 본서는 아득한 옛날부터 현재에 이르기까지 사람들은 어떻게 죽음을 맞이하고 생각했는가?라는 사람들의 호기심에 답하듯 죽음을 연구대상으로 삼은 역사서이다. 따라서 죽음의 이미지가 어떻게 변해 왔는지, 또 인간은 자신의 죽음을 앞에 두고 어떻게 행동했으며 타인의 죽음에 대해 어떤 생각을 품고 있었는지를 추적한다. 그리하여 역사 이래 인간의 항구적 거주지로서의 묘지로부터 죽음과 문화와의 관계를 파악하면서 묘비와 묘비명, 비문과 횡와상, 기도상, 장례절차, 매장 풍습, 나아가 20세기 미국의 상업화된 죽음의 이미지를 추적한다.

東文選 文藝新書 201

기식자

미셸 세르
김웅권 옮김

　초대받은 식도락가로서, 때로는 뛰어난 이야기꾼으로서 주인의 식탁에 앉아 식사를 하는 자가 기식자로 언급된다. 숙주를 뜯어먹고 살고, 그의 현재적 상태를 변화시키고 그의 생명을 위태롭게 하는 작은 동물 또한 기식자로 언급된다. 끊임없이 우리의 대화를 중단시키거나 우리의 메시지를 차단하는 소리, 이것도 언제나 기식자이다. 왜 인간, 동물, 그리고 파동이 동일한 낱말로 명명되고 있는가?

　이 책은 우선 이러한 질문에 대한 대답으로서 이미지의 책이고 초상들의 갤러리이다. 새들의 모습 속에, 동물들의 모습 속에, 그리고 우화에 나오는 기이한 모습들 속에 누가 숨어 있는지를 알아서 추측해 볼 필요가 있을 것이다. 크고 작은 동물들이 함께 식사를 하는데, 그들의 잔치는 중단된다. 어떻게? 누구에 의해? 왜?

　미셸 세르는 책의 마지막에서 소크라테스를 악마로 규정한다. 이 소크라테스의 초상에 이르기까지의 긴 '산책'이 기식자라는 화두를 중심으로 펼쳐진다. 세르는 기식의 논리를 라 퐁텐의 우화로부터 시작하여 성서·루소·몰리에르·호메로스·플라톤 등의 세계를 섭렵하면서 펼쳐내고 있다. 뿐만 아니라 그는 경제학·수학·생물학·물리학·정보과학·음악 등 다양한 분야를 끌어들여 기식의 관계가 모든 영역에 연결되고 있음을 드러낸다. 특히 루소를 기식자의 한 표상으로 설정하면서 그가 주장한 사회계약론의 배면을 그의 삶과 관련시켜 흥미진진하게 파헤치고 있다.

　기식자는 취하면서 아무것도 주지 않는다. 말·소리·바람밖에 주지 않는다. 주인은 주면서도 아무것도 받지 않는다. 이것이 불가역적이고 되돌아오지 않는 단순한 화살이다. 그것은 우리들 사이를 날아다닌다. 그것은 관계의 원자이고, 변화의 각도이다. 그것은 사용 이전의 남용이고, 교환 이전의 도둑질이다. 우리는 그것으로부터 기술과 사업, 경제와 사회를 구축할 수 있거나, 적어도 다시 생각할 수 있다.

東文選 文藝新書 191

그라마톨로지에 대하여

자크 데리다

김웅권 옮김

“언어들은 말하기 위해 만들어지고, 문자 언어는 음성 언어에 대리 보충의 역할만을 한다……. 문자 언어는 음성 언어의 대리 표상에 불과하다. 사람들이 대상보다 이미지를 규정하는 데 더 많은 주의를 기울이는 것은 기이한 일이다.” — 루소

따라서 본서는 기이함을 드러낼 수밖에 없는 책이다. 그러나 그 이유는 문자 언어에 모든 주의를 기울임으로써, 이 책이 문자 언어로 하여금 근본적인 재평가를 받게 하기 때문이다. 그런 만큼 총칭적 ‘논리 자체’로 자처하는 것의 가능성을 사유하기 위해 그것(그러한 논리로 자처하는 것)을 넘어서는 일이 중요할 때, 열려진 길들은 필연적으로 상궤를 벗어난다. 이 논리는 나름 아닌 상식의 분명함에서, ‘표상’이나 ‘이미지’의 범주들에서, 안과 밖, 플러스와 마이너스, 본질과 외관, 최초의 것과 파생된 것의 대립에서 안정적 입장을 취하면서 음성 언어와 문자 언어의 관계를 규정하게 되어 있는 논리이다.

우리의 문화가 문자 기호에 부여한 의미들을 분석함으로써, 자크 데리다가 또한 입증하는 것은 그것들의 가장 현실적이면서도 때때로 가장 눈에 띄지 않은 파장들이다. 이런 작업은 개념들의 체계적인 ‘전치’를 통해서만 가능하다. 실제, 우리는 “문자란 무엇인가?”라는 질문에 야생적이고 즉각적이며 자연발생적인 어떤 경험에 ‘현상학적’ 방식으로 호소함으로써 대답할 수는 없을 것이다. 문자(에크리튀르)에 대한 서구의 해석은 경험·실천·지식의 모든 영역들을 지배하고, 사람들이 그 지배력으로부터 해방시킬 수 있다고 생각하는 질문——“그것은 무엇인가?”——의 궁극적 형태까지 지배한다. 이러한 해석의 역사는 어떤 특정 편견, 위치가 탐지된 어떤 오류, 우발적인 어떤 한계의 역사가 아니다. 그것은 본서에서 ‘차연’이라는 이름으로 인지되는 운동 속에서 하나의 종결된 필연적 구조를 형성하고 있다.

東文選 文藝新書 203

철학자들의 신

빌헬름 바이셰델
최상욱 옮김

　바이셰델의 《철학자들의 신》은 철학의 역사를 통해 나타난 신에 대한 다양한 해석들을 다루고 있다. 이를 위해 저자는 철학과 신학의 관계를 분석하고 있으며, 이때 철학적 신학은 철학이나 신학 그 어느 한편으로 경도되지 않아야 함을 강조하고 있다. 이를 통해 저자는 특정한 성향이나 교리에 얽매이지 않은 포용적이고 자유로운 신에 대한 해석을 독자들에게 제시하려고 한다. 그리고 이러한 전제를 바탕으로 저자는 고대 그리스 정신에서의 신에 대한 이해를 출발점으로 하여 교부시대, 중세와 근대, 그리고 니체와 하이데거의 신에 대한 이해를 철학사적인 맥락에서 소개하고 있다.

　이러한 그의 노력은 다른 책이 줄 수 없는 몇 가지 강점을 지닌다. 우선 이 책을 통해 독자들은 '신'이란 단어가 인간의 역사를 통해 변화 혹은 확대되어 왔음을 확인할 수 있다. 그리고 이러한 확인을 통해 독자는 신이란 개념의 의미 역시 인간의 역사적 상황과 사유구조에 걸맞게 드러났음을 이해할 수 있을 것이다. 또한 이러한 이해는 신에 대한 우리의 고착된 확신을 반성하는 기회를 줄 수 있을 것이다. 흔히 우리는 신에 대해 자유로운 사고보다는 무비판적으로 주어진 확신에 안주할 때가 많은데, 이 책을 통해 우리는 신에 대한 인간의 이해가 매우 다양하고 상이했음을 알 수 있을 것이다. 그리고 이러한 앎은 독자들로 하여금 배타적인 신관으로부터 자유로워지는 기회를 제공할 것이다.

東文選 文藝新書 173

세계의 비참 (전3권)

피에르 부르디외 外

김주경 옮김

사회적 불행의 형태에 대한 사회학적 투시──피에르 부르디외와 22명의 사회학자들의 3년 작업. 사회적 조건의 불행, 사회적 위치의 불행, 그리고 개인적 고통에 대한 그들의 성찰적 지식 공개.

우리의 삶 한편에는 국민들의 일상적인 삶에 대해 무지한 정치 책임자들이 있고, 그 다른 한편에는 힘겹고 버거운 삶에 지쳐서 하고 싶은 말조차 할 수 없는 사람들이 있다. 이들을 바라보면서 어떤 사람들은 여론에 눈을 고정시키기도 하고, 또 어떤 사람들은 그들의 불행에 대해 항의를 표하기도 한다. 물론 이들이 항의를 할 수 있는 것은 자신들이 그 불행에서 벗어나 있기에 가능한 것이다.

여기 한 팀의 사회학자들이 피에르 부르디외의 지휘 아래 3년에 걸쳐서 몰두한 작업이 있다. 그들은 대규모 공영주택 단지 · 학교 · 사회복지회 직원, 노동자, 하층 무산계급, 사무직원, 농부, 그리고 가정이라는 세계 속에 비참한 사회적 산물이 어떠한 현대적인 형태를 띠고 나타나는지를 이해하고자 했다. 그들이 본 각각의 세계에는 저마다 고유한 갈등 구조들이 형성되어 있었고, 그 안에서 발생하는 고통을 직접 몸으로 체험한 자들만이 말할 수 있는 진실들이 있었다.

이 책은 버려진 채 병원에 누워 있는 전직 사회복지 가정방문원이라든가, 노동자 계층의 고아 출신인 금속기계공, 정당한 권리를 찾지 못하고 떠돌아다닐 수밖에 없는 집 없는 사람들, 도시 폭력의 희생자가 된 고등학교 교장과 교사들, 빈민 교외 지역의 하급 경찰관, 그리고 이들과 함께 살아가는 수많은 사람들의 만성적이면서도 새로운 삶의 고통을 이야기한다.

東文選 文藝新書 170

비정상인들

1974-1975, 콜레주 드 프랑스에서의 강의

미셸 푸코

박정자 옮김

비정상이란 도대체 무엇일까? 하나의 사회는 자신의 구성원 중에서 밀쳐내고, 무시하고, 잊어버리고 싶은 부분이 있다. 그것이 어느 때는 나환자나 페스트 환자였고, 또 어느 때는 광인이나 부랑자였다.

《비정상인들》은 역사 속에서 모습을 보인 모든 비정상인들에 대한 고고학적 작업이며, 또 이들을 이용해 의학 권력이 된 정신의학의 계보학이다.

콜레주 드 프랑스에서 1975년 1월부터 3월까지 행해진 강의 《비정상인들》은 미셸 푸코가 1970년 이래, 특히 《사회를 보호해야 한다》에서 앎과 권력의 문제에 바쳤던 분석들을 집중적으로 추구하고 있다. 앎과 권력의 문제란 규율 권력, 규격화 권력, 그리고 생체-권력이다. 푸코가 소위 19세기에 '비정상인들'로 불렸던 '위험한' 개인들의 문제에 접근한 것은 수많은 신학적·법률적·의학적 자료들에서부터였다. 이 자료들에서 그는 중요한 세 인물을 끌어냈는데, 그것은 괴물, 교정(矯正) 불가능자, 자위 행위자였다. 괴물은 사회적 규범과 자연의 법칙에 대한 참조에서 나왔고, 교정 불가능자는 새로운 육체 훈련 장치가 떠맡았으며, 자위 행위자는 18세기 이래 근대 가정의 규율화를 겨냥한 대대적인 캠페인의 근거가 되었다. 푸코의 분석들은 1950년대까지 시행되던 법-의학감정서를 출발점으로 삼고 있다. 이어서 그는 고백 성사와 양심 지도 기술(技術)에서부터 욕망과 충동의 고고학을 시작했다. 이렇게 해서 그는 그후의 콜레주 드 프랑스 강의 또는 저서에서 다시 선택되고, 수정되고, 다듬어질 작업의 이론적·역사적 전제들을 마련했다. 이 강의는 그러니까 푸코의 연구가 형성되고, 확장되고, 전개되는 과정을 추적하는 데 있어서 결코 빼놓을 수 없는 필수 불가결의 자료이다.

東文選 文藝新書 258

역사철학

프랑수아 도스

최생열 옮김

'역사란 무엇인가?' '역사는 무슨 의미를 지니며 어떤 용도가 있는가?' 최근의 역사 연구자들은 이런 유의 질문을 케케묵은 것으로, 혹은 너무 당연하여 더 이상 거론할 필요가 없는 것으로 여기는 경향이 있다. 이 책의 저자는 이 질문들에 대한 성찰이 절실하다고 여기며, 역사학이 현재 서 있는 지점과 앞으로 나아갈 방향을 진지하게 탐색해 나간다. 프랑스에서 아날학파와 구조주의 인류학·사회학 연구 성과의 지대한 영향을 받으며 학문적으로 성장하고 현재 활발한 저술 활동을 벌이고 있는 저자는, 그간 역사학이 처한 구조적인 침체로부터 벗어나 보다 획기적 전기를 맞이하기를 희구한다. 그는 역사적 이야기가 과학적이고 독자적이며 실용적 가치를 지닌 학문으로서의 특별한 이야기가 되게 하고, 역사 서술 방식의 다양성을 발굴해 내고자 한다. 그러기 위해 우선적으로 그간 역사학이 걸어온 자취를 역사철학적으로 성찰하고, 역사학자들이 활용한 개념들에 대해 다시 질문을 던질 것을 요구하며, 나아가 역사 활동 일반에 대한 반성적 고찰을 촉구한다. 저자는 이러한 성찰을 바탕으로 하여, 다양한 문화간에 접촉이 빈번히 이루어지고 개방적 대화가 필요한 현 시점에서 다원적이고 논쟁의 소지가 많은 역사학 본유의 특성이 대화 공간을 열어 주고 개방성을 지향하는 실용적 학문으로 자리매김할 수 있다고 전망한다.